ONE LINE A DAY JOURNAL

BELONGS TO:

- -

January 1

20___

_____

_____

_____

20___

_____

_____

_____

20___

_____

_____

_____

20___

_____

_____

_____

20___

_____

_____

_____

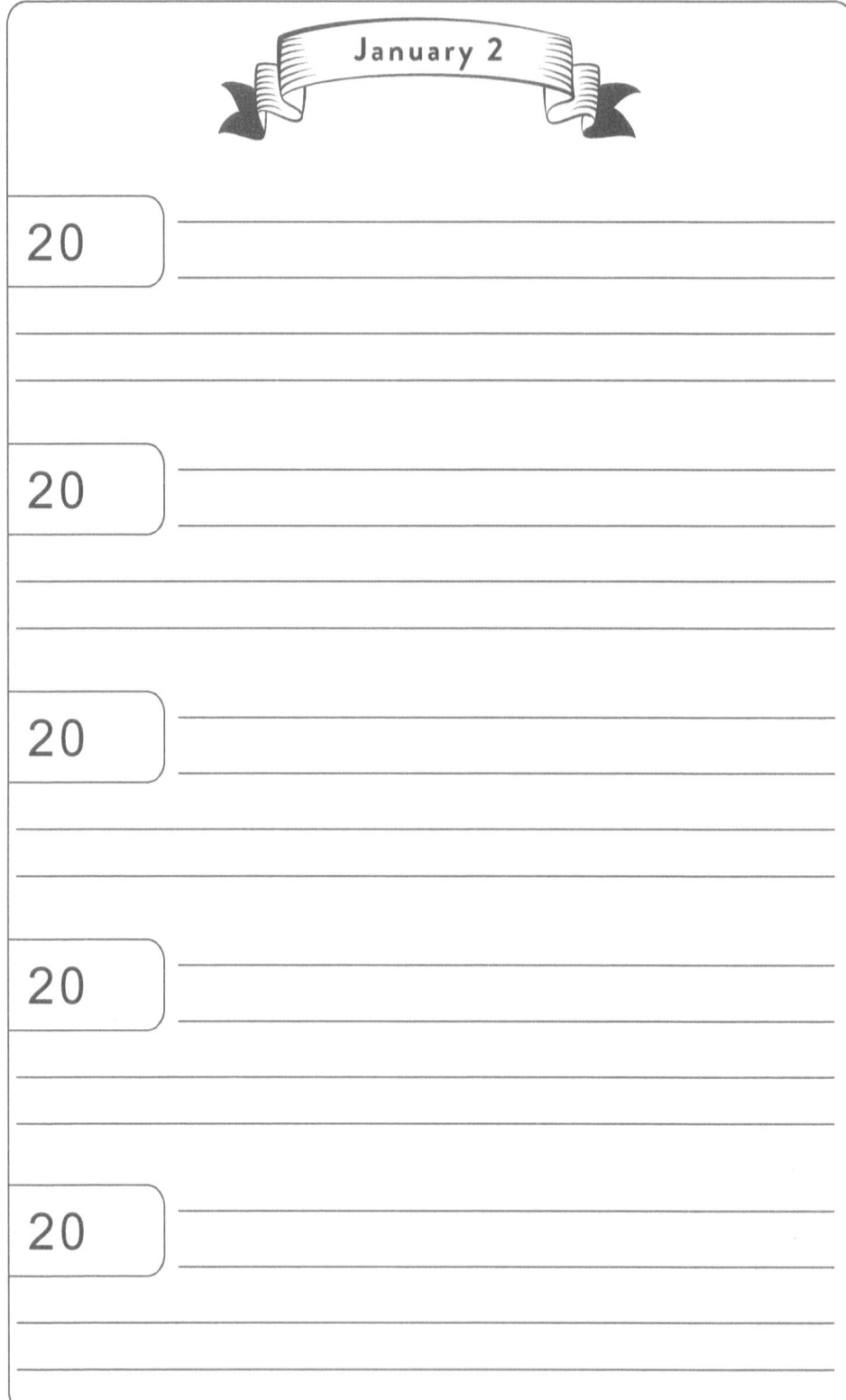

January 2

20

20

20

20

20

January 3

20

20

20

20

20

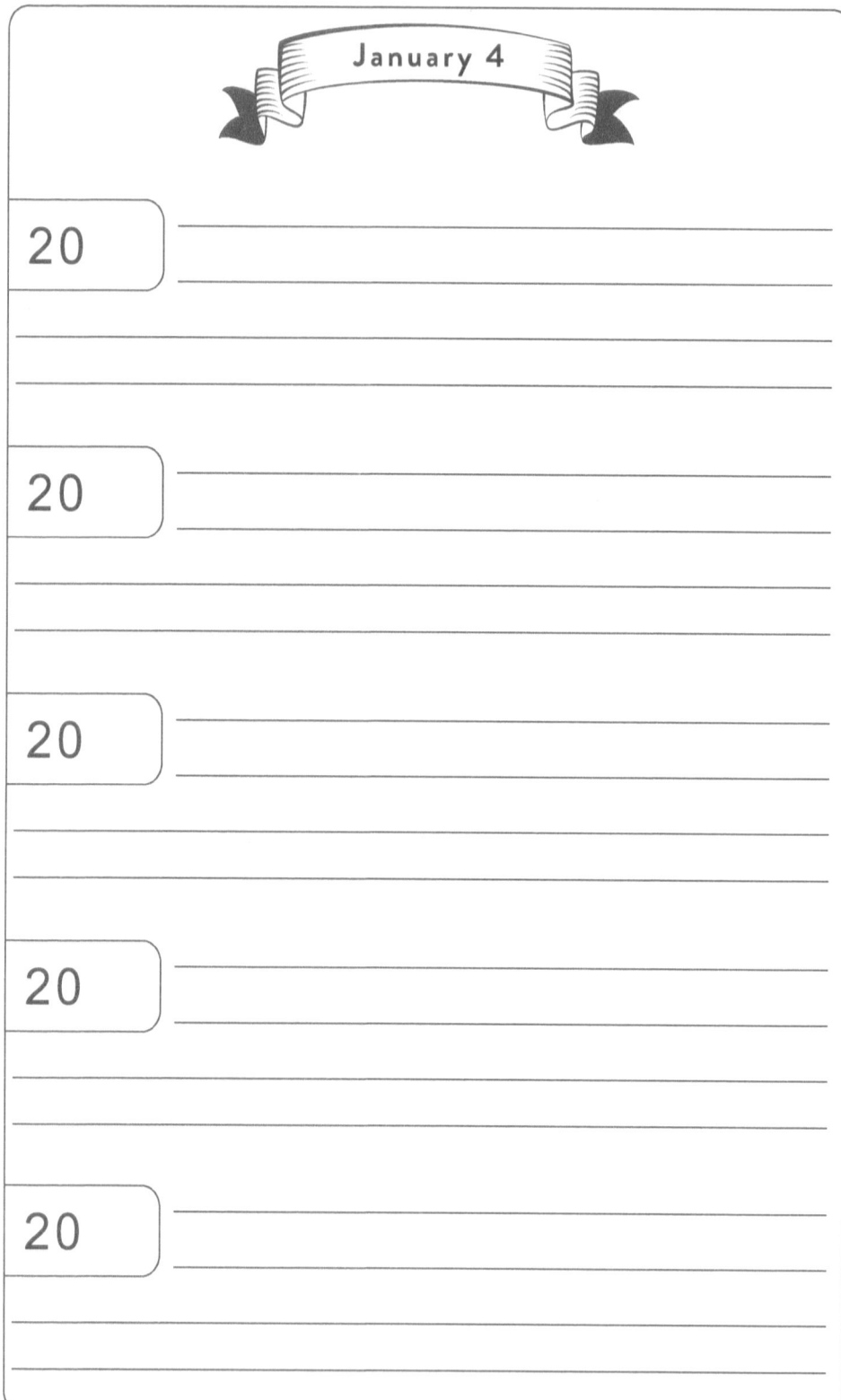

January 4

20

20

20

20

20

January 5

20 _____

20 _____

20 _____

20 _____

20 _____

20 _____
_____
_____
_____

20 _____
_____
_____
_____

20 _____
_____
_____
_____

20 _____
_____
_____
_____

20 _____
_____
_____
_____

January 7

20 _____

20 _____

20 _____

20 _____

20 _____

January 8

20 _____
_____
_____
_____

20 _____
_____
_____
_____

20 _____
_____
_____
_____

20 _____
_____
_____
_____

20 _____
_____
_____
_____

January 9

20

20

20

20

20

January 10

20 _____

20 _____

20 _____

20 _____

20 _____

January 11

20

20

20

20

20

20 _____

20 _____

20 _____

20 _____

20 _____

January 13

20

20

20

20

20

January 14

20 _____

20 _____

20 _____

20 _____

20 _____

January 15

20

20

20

20

20

January 16

20 _____
_____
_____
_____

20 _____
_____
_____
_____

20 _____
_____
_____
_____

20 _____
_____
_____
_____

20 _____
_____
_____
_____

January 17

20

20

20

20

20

January 18

20 _____

20 _____

20 _____

20 _____

20 _____

January 19

20 _____

20 _____

20 _____

20 _____

20 _____

January 20

20 _____

20 _____

20 _____

20 _____

20 _____

January 21

20

20

20

20

20

January 22

20 _____

_____

_____

20 _____

_____

_____

20 _____

_____

_____

20 _____

_____

_____

20 _____

_____

_____

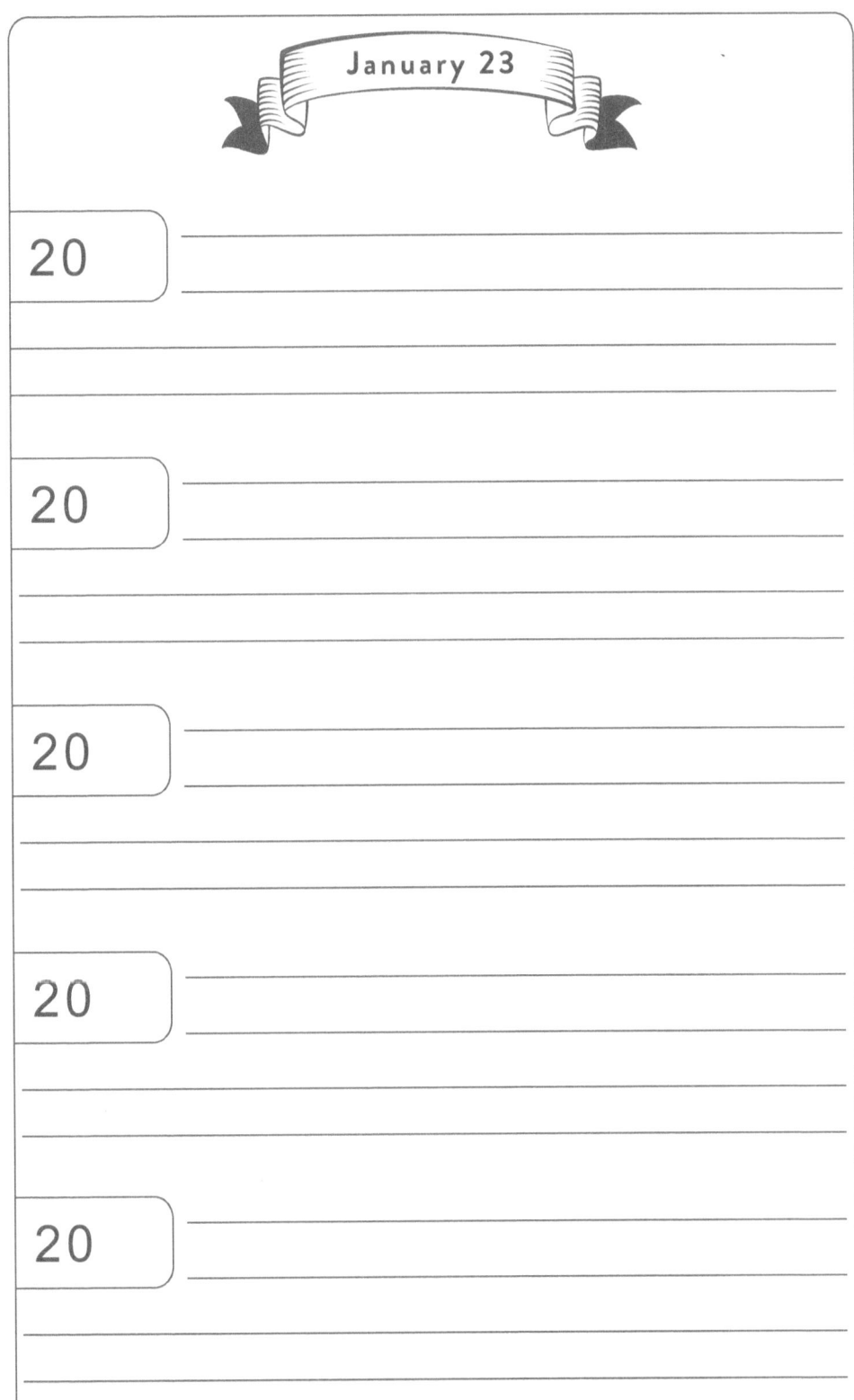

January 23

20

20

20

20

20

January 24

20 _____
_____
_____
_____

20 _____
_____
_____
_____

20 _____
_____
_____
_____

20 _____
_____
_____
_____

20 _____
_____
_____
_____

January 25

20 _____
_____
_____

20 _____
_____
_____

20 _____
_____
_____

20 _____
_____
_____

20 _____
_____
_____

January 26

20 _____

20 _____

20 _____

20 _____

20 _____

January 27

20 _____
_____
_____
_____

20 _____
_____
_____
_____

20 _____
_____
_____
_____

20 _____
_____
_____
_____

20 _____
_____
_____
_____

January 28

20 _____
_____
_____
_____

20 _____
_____
_____
_____

20 _____
_____
_____
_____

20 _____
_____
_____
_____

20 _____
_____
_____
_____

January 29

20

20

20

20

20

January 30

20 _____

20 _____

20 _____

20 _____

20 _____

January 31

20 _____

20 _____

20 _____

20 _____

20 _____

Notes:

February 1

20
_____
_____
_____
_____

20
_____
_____
_____
_____

20
_____
_____
_____
_____

20
_____
_____
_____
_____

20
_____
_____
_____
_____

February 2

20

20

20

20

20

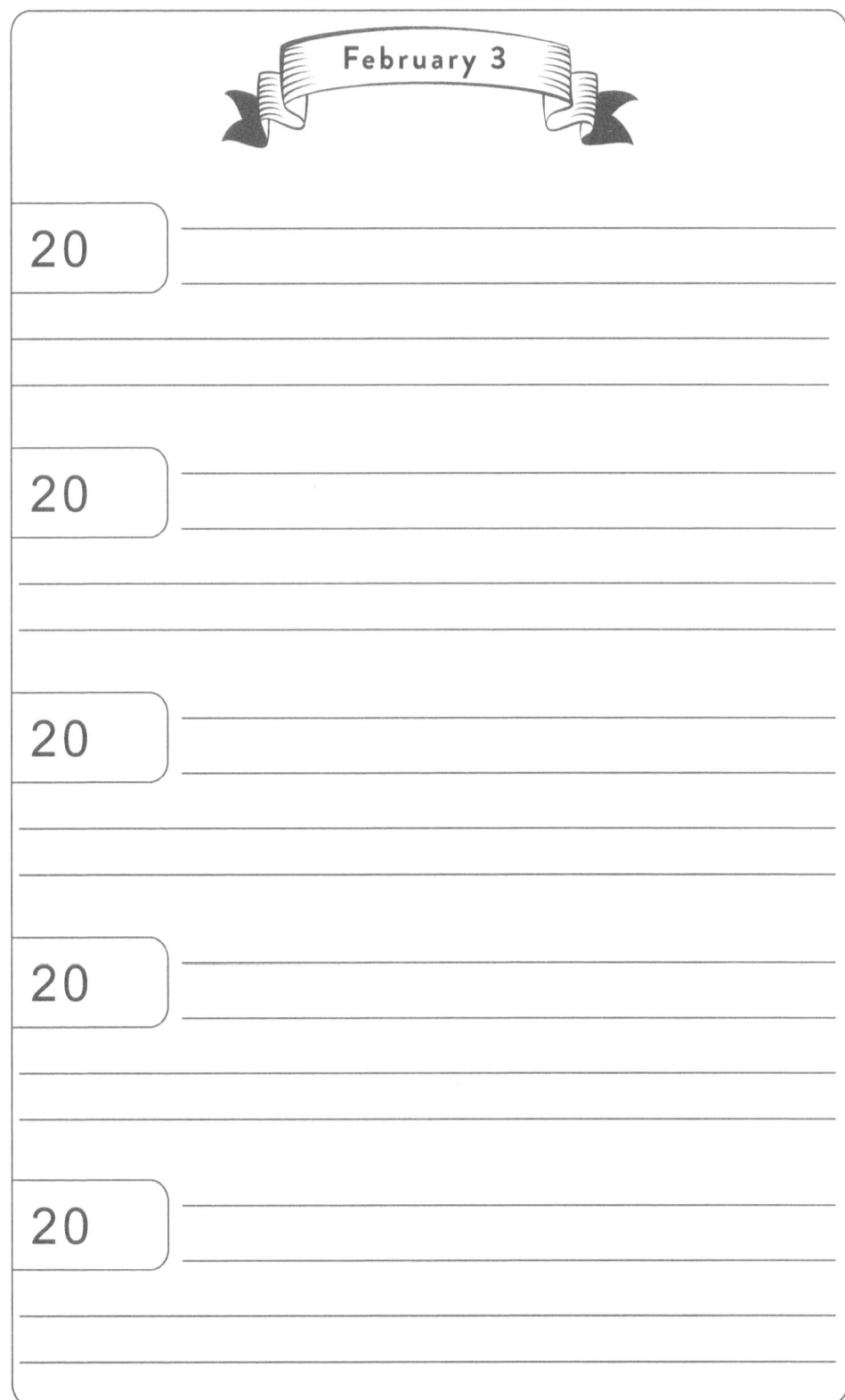

February 3

20

20

20

20

20

February 4

20

20

20

20

20

February 5

20 _____

20 _____

20 _____

20 _____

20 _____

February 6

20

20

20

20

20

February 7

20 _____

20 _____

20 _____

20 _____

20 _____

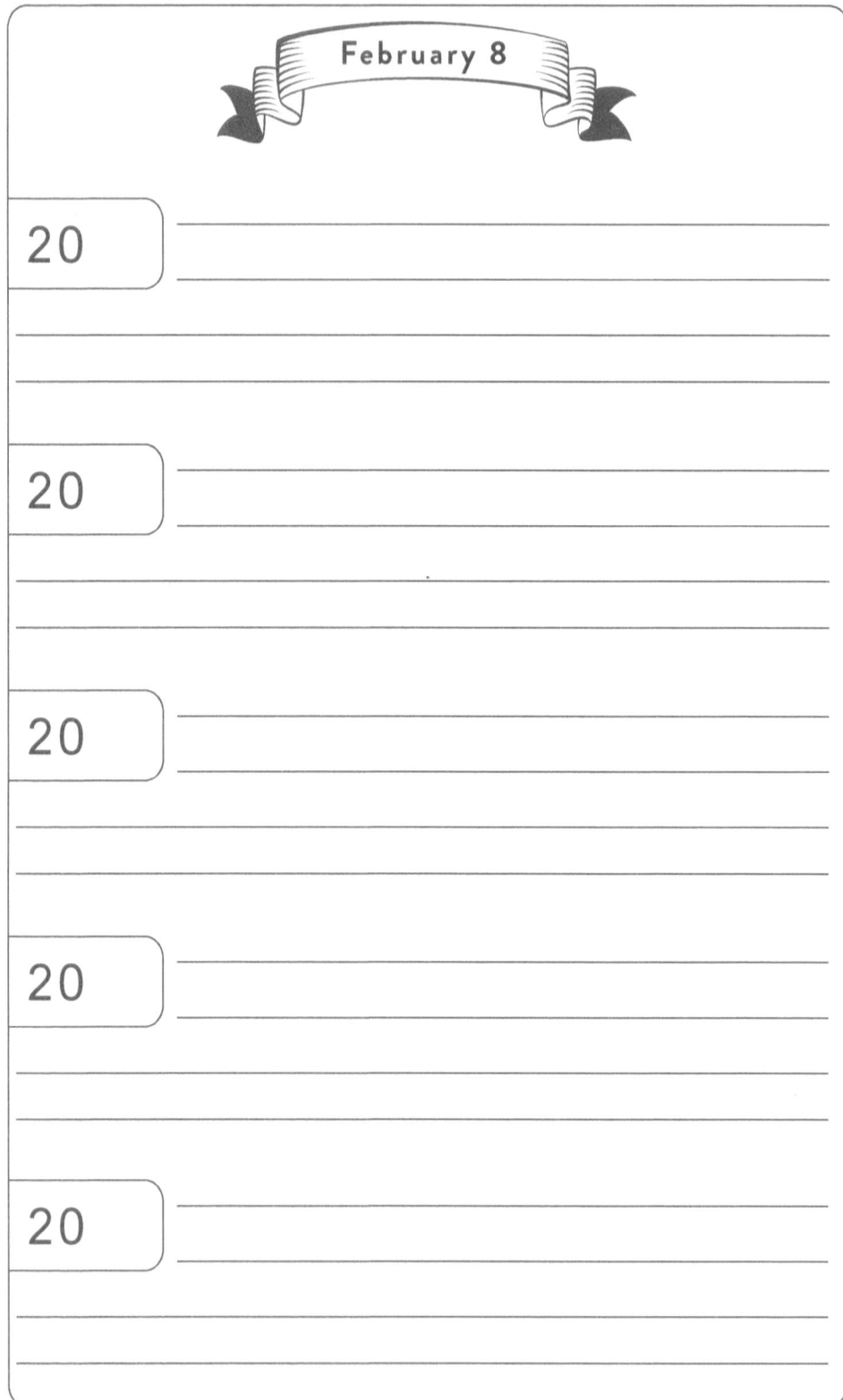

February 8

20

20

20

20

20

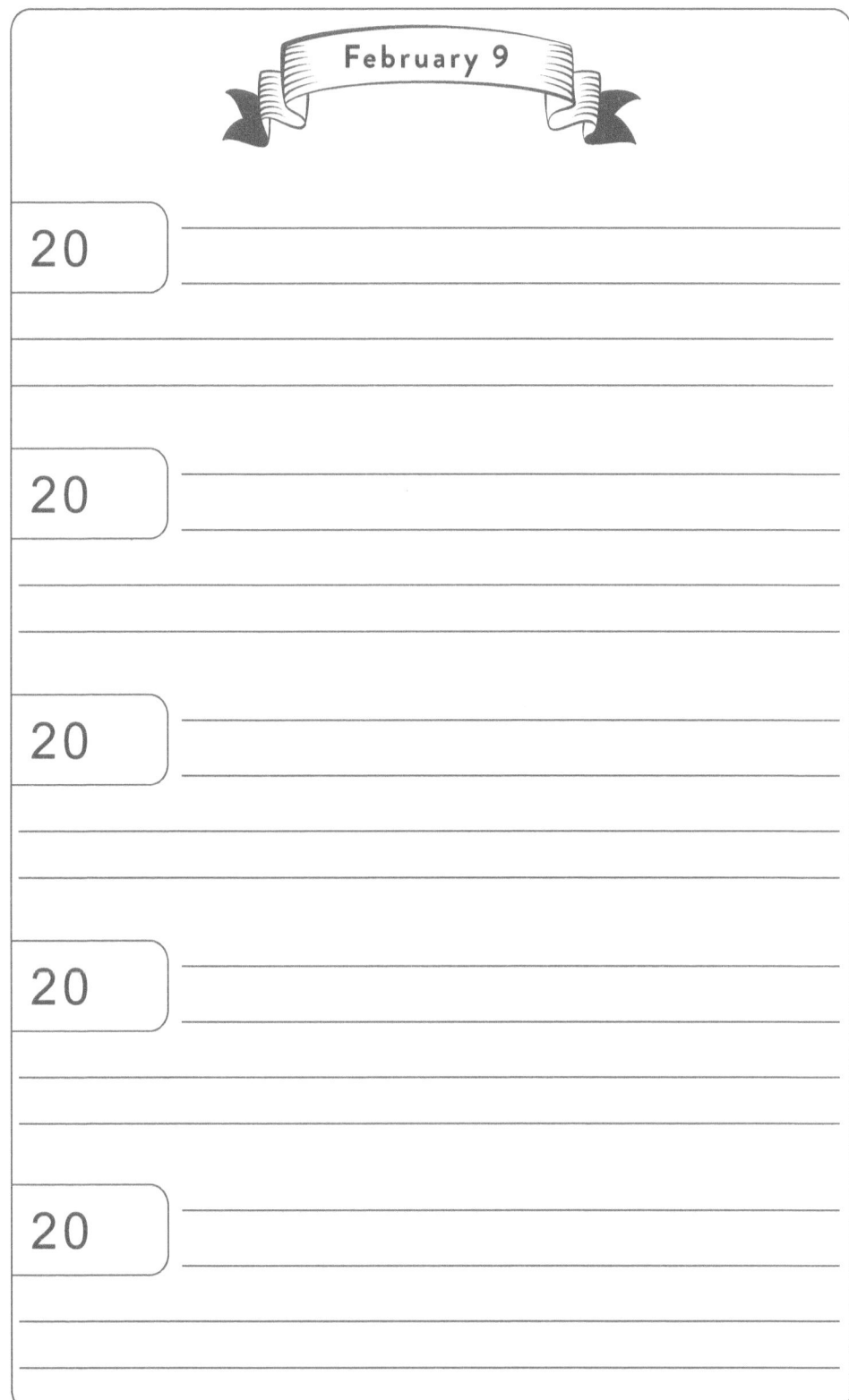

February 9

20

20

20

20

20

February 10

20 _____

20 _____

20 _____

20 _____

20 _____

February 11

20 _____

20 _____

20 _____

20 _____

20 _____

February 12

20

20

20

20

20

20 _____

20 _____

20 _____

20 _____

20 _____

February 14

20 _____

20 _____

20 _____

20 _____

20 _____

February 15

20 _____

20 _____

20 _____

20 _____

20 _____

February 16

20 _____
_____
_____
_____

20 _____
_____
_____
_____

20 _____
_____
_____
_____

20 _____
_____
_____
_____

20 _____
_____
_____
_____

February 17

20

20

20

20

20

20 _____
_____
_____
_____

20 _____
_____
_____
_____

20 _____
_____
_____
_____

20 _____
_____
_____
_____

20 _____
_____
_____
_____

February 19

20

20

20

20

20

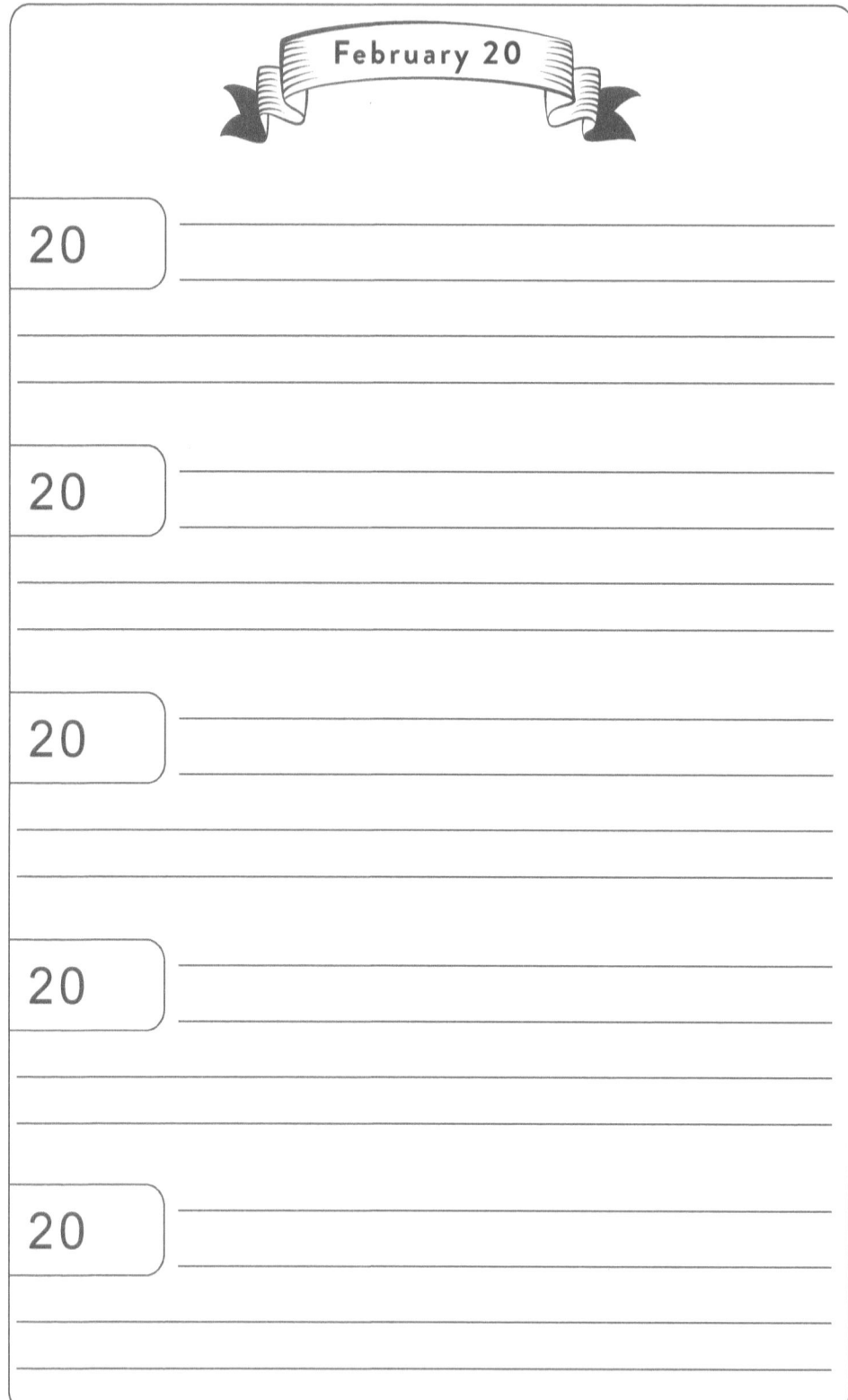

February 20

20

20

20

20

20

February 21

20

20

20

20

20

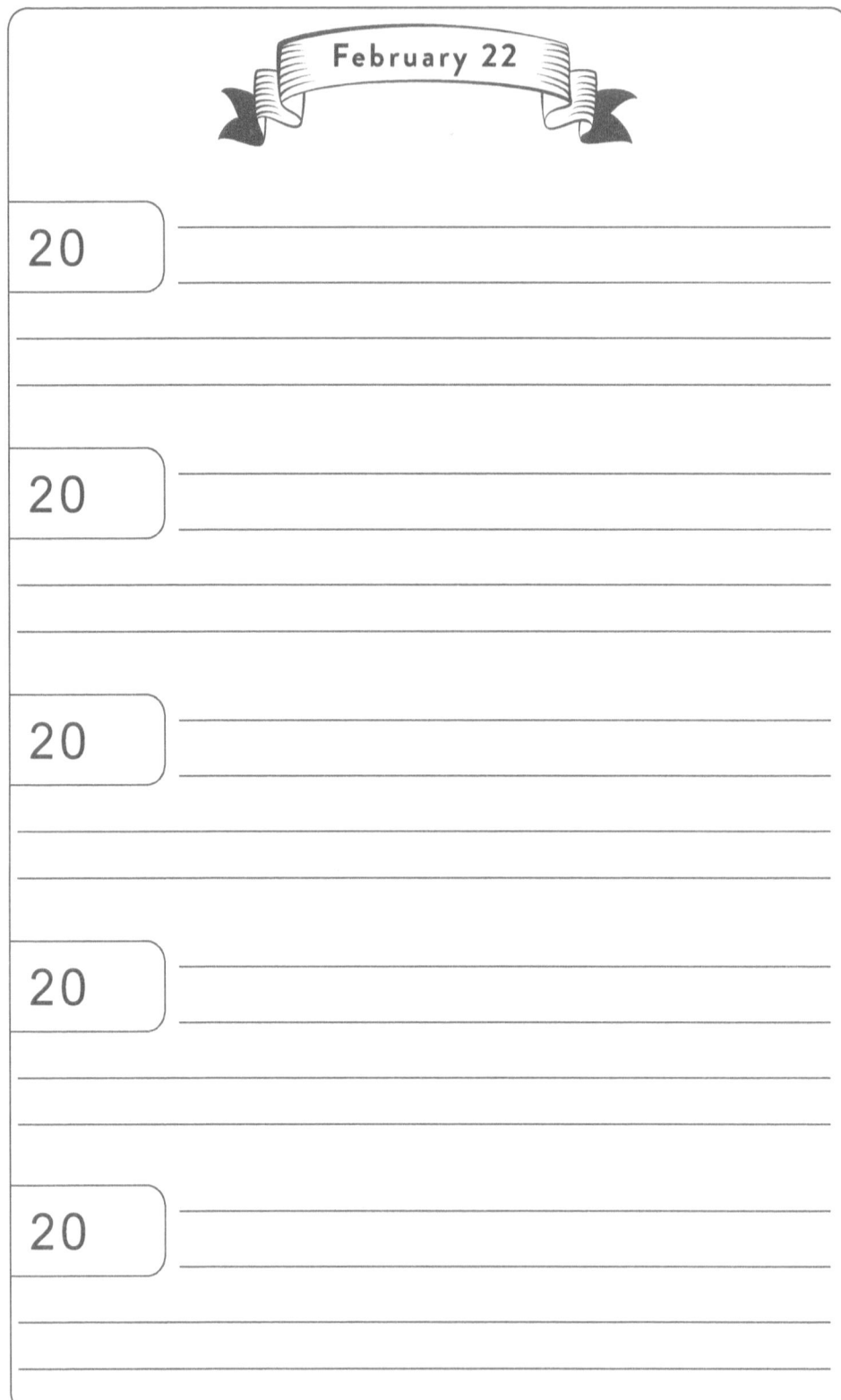

February 22

20

20

20

20

20

20

20

20

20

20

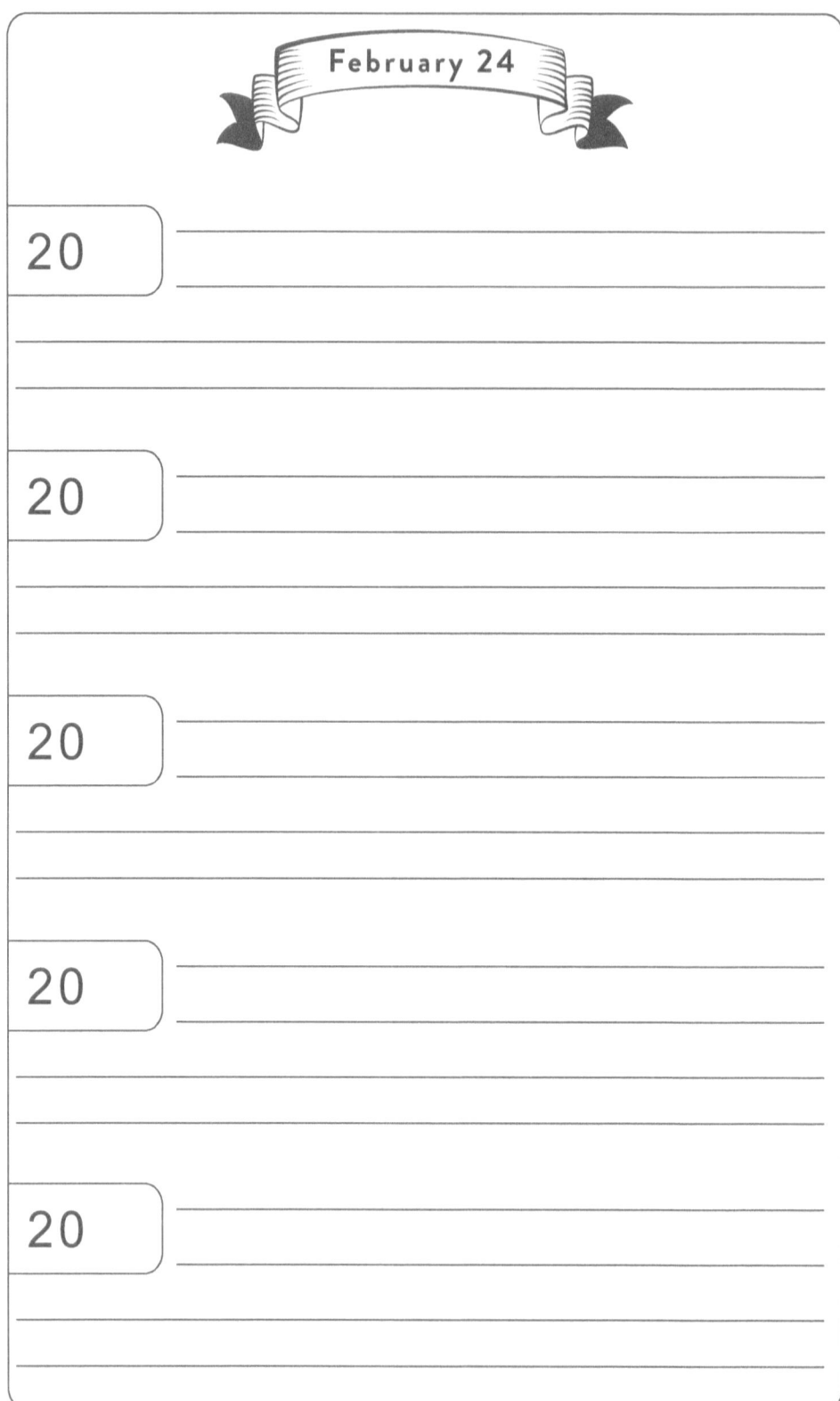

February 24

20

20

20

20

20

February 25

20

20

20

20

20

February 26

20 _____
_____
_____
_____

20 _____
_____
_____
_____

20 _____
_____
_____
_____

20 _____
_____
_____
_____

20 _____
_____
_____
_____

February 27

20 _____

20 _____

20 _____

20 _____

20 _____

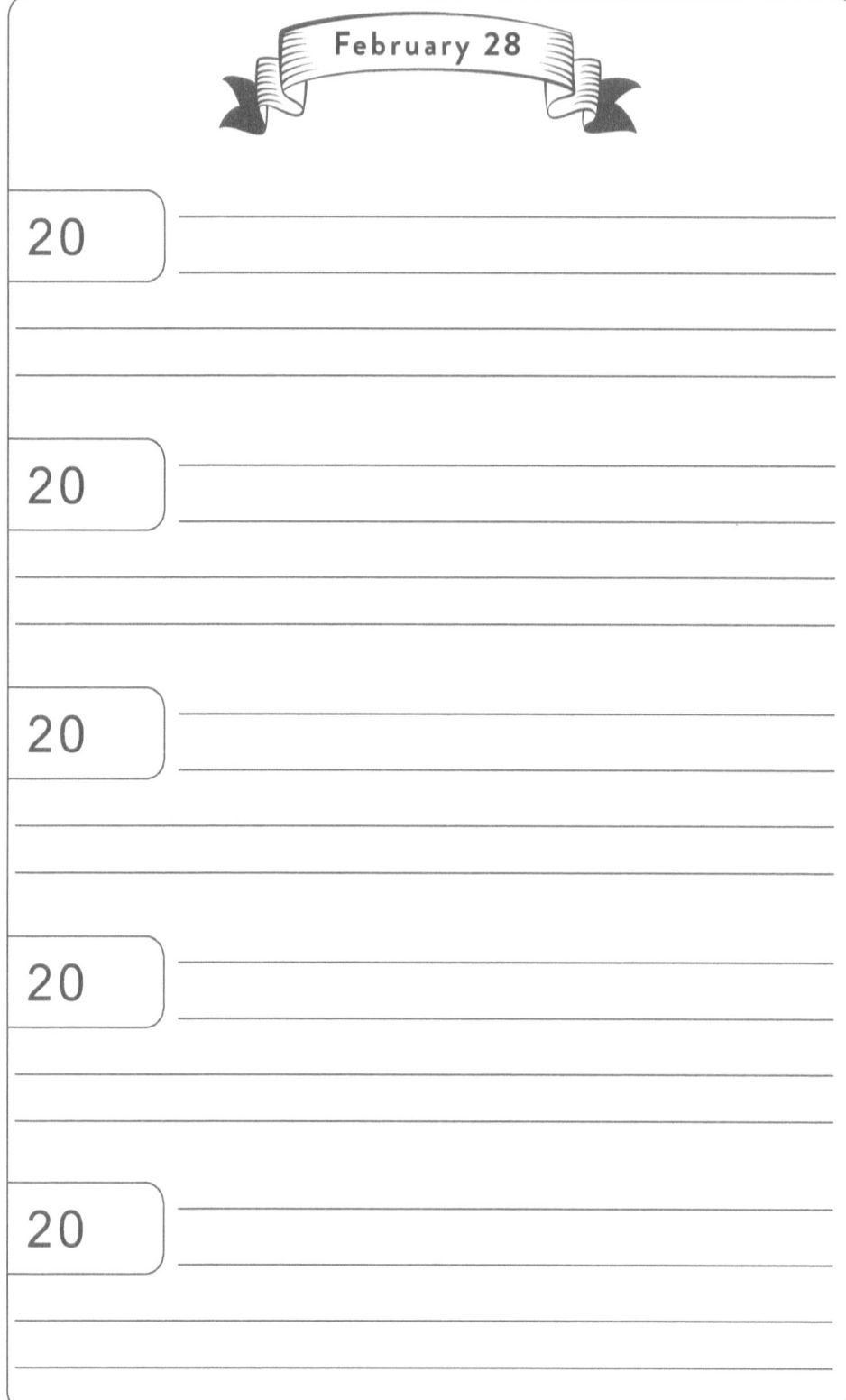

February 28

20

20

20

20

20

February 29

20

20

20

20

20

Notes: _____

March 1

20 _____

20 _____

20 _____

20 _____

20 _____

March 2

20 _____

20 _____

20 _____

20 _____

20 _____

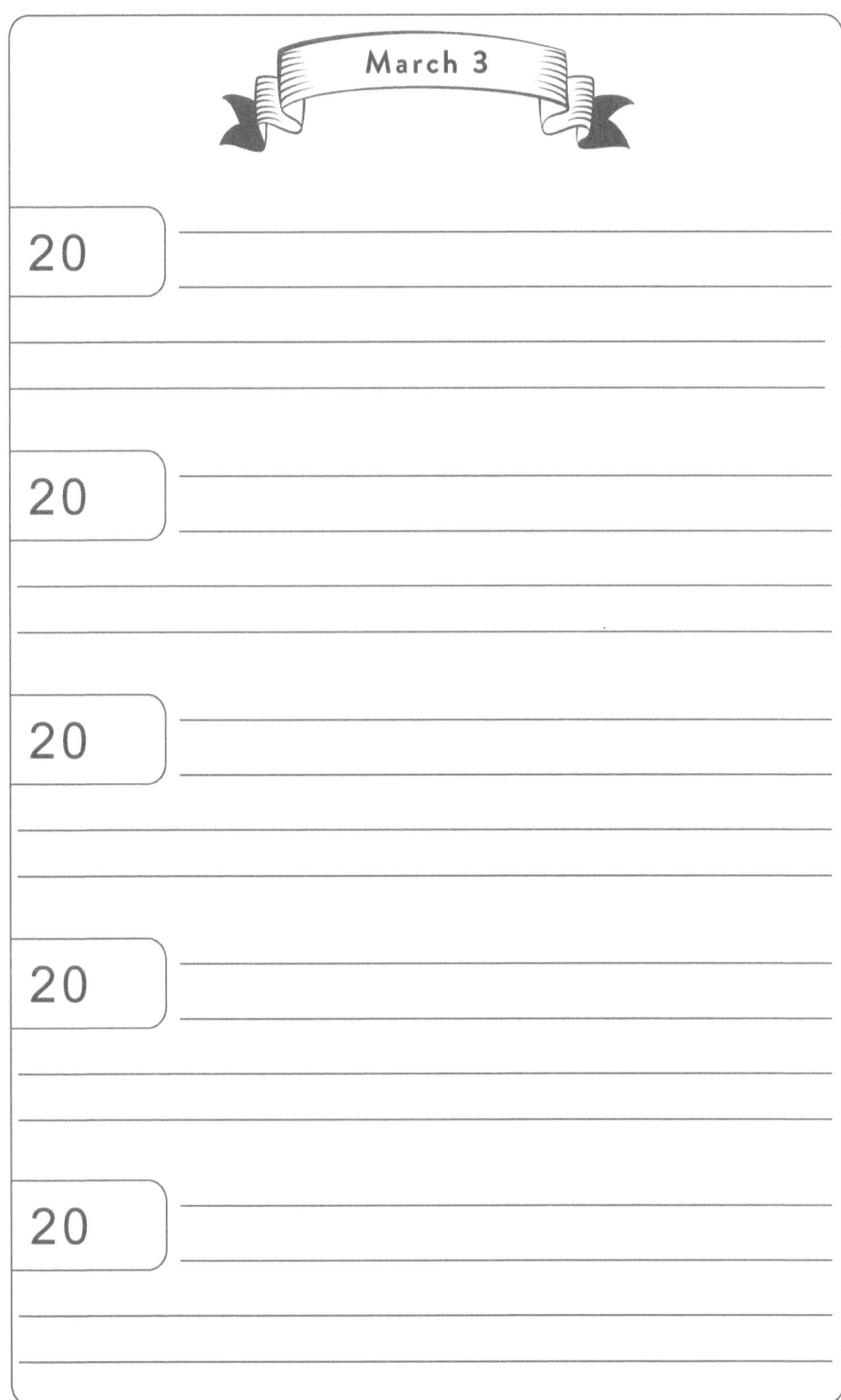

March 3

20

20

20

20

20

March 4

20

20

20

20

20

March 5

20

20

20

20

20

March 6

20

20

20

20

20

March 7

20

20

20

20

20

March 8

20 _____

20 _____

20 _____

20 _____

20 _____

March 9

20

20

20

20

20

March 10

20

20

20

20

20

March 11

20

20

20

20

20

March 12

20 _____

20 _____

20 _____

20 _____

20 _____

March 13

20 _____

20 _____

20 _____

20 _____

20 _____

March 14

20 _____
_____
_____
_____

20 _____
_____
_____
_____

20 _____
_____
_____
_____

20 _____
_____
_____
_____

20 _____
_____
_____
_____

March 15

20

_____

20

_____

20

_____

20

_____

20

_____

March 16

20 _____

20 _____

20 _____

20 _____

20 _____

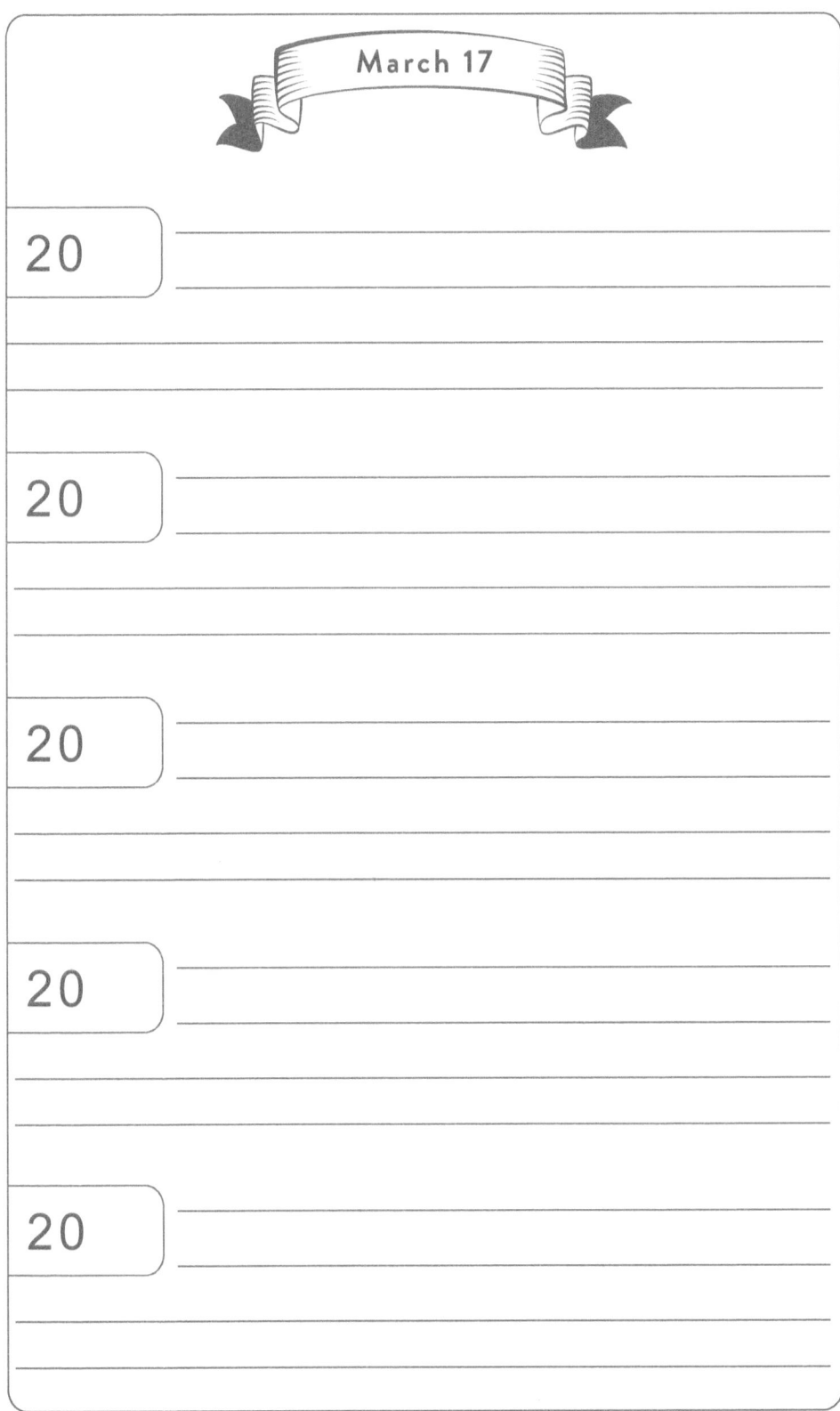

March 17

20

20

20

20

20

March 18

20 _____

20 _____

20 _____

20 _____

20 _____

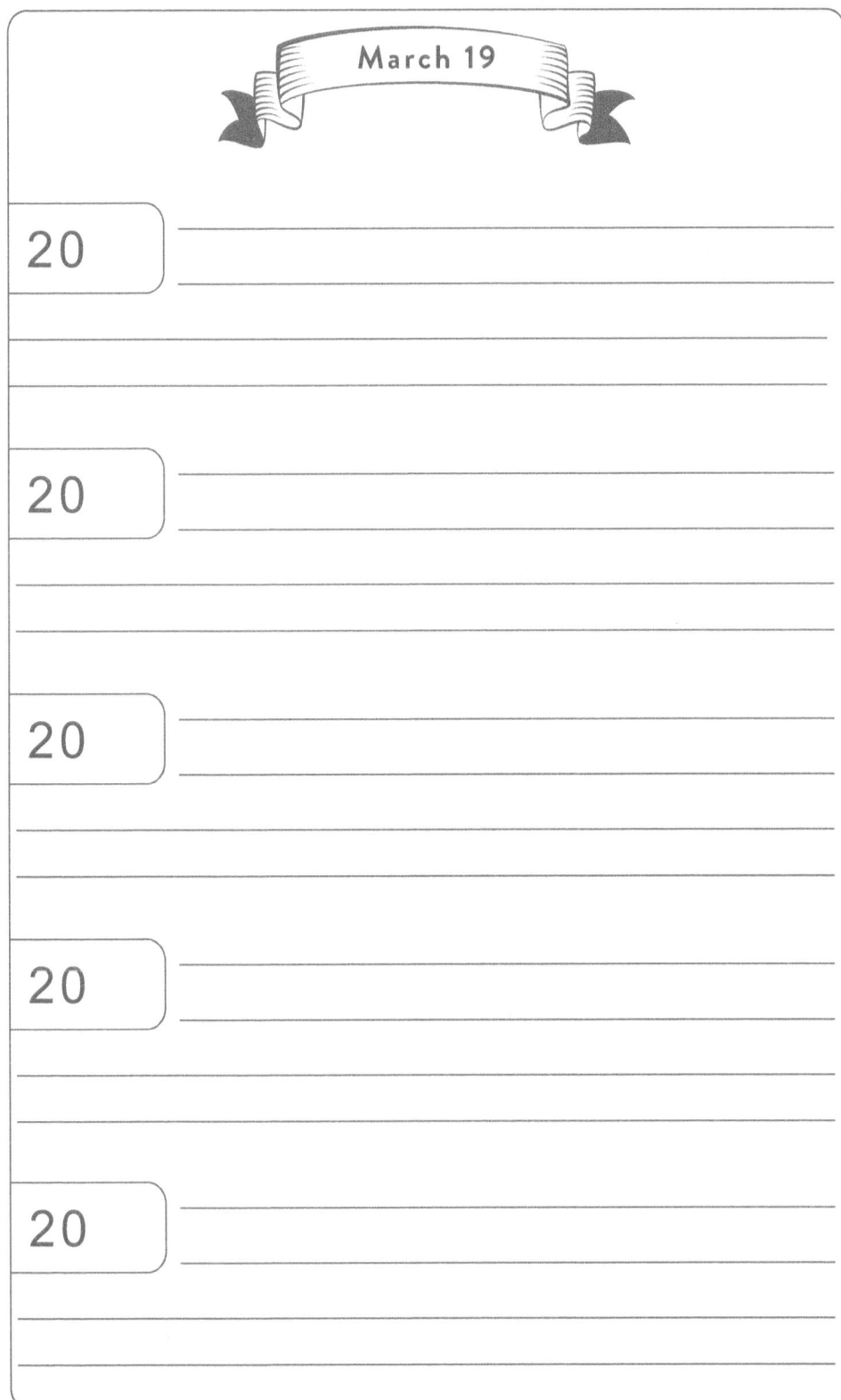

March 19

20

20

20

20

20

March 20

20 _____
_____
_____
_____

20 _____
_____
_____
_____

20 _____
_____
_____
_____

20 _____
_____
_____
_____

20 _____
_____
_____
_____

March 21

20 _____

_____

_____

20 _____

_____

_____

20 _____

_____

_____

20 _____

_____

_____

20 _____

_____

_____

March 22

20 _____

20 _____

20 _____

20 _____

20 _____

March 23

20

20

20

20

20

March 24

20

20

20

20

20

March 25

20 _____
_____
_____
_____

20 _____
_____
_____
_____

20 _____
_____
_____
_____

20 _____
_____
_____
_____

20 _____
_____
_____
_____

March 26

20 _____
_____
_____
_____

20 _____
_____
_____
_____

20 _____
_____
_____
_____

20 _____
_____
_____
_____

20 _____
_____
_____
_____

March 27

20

20

20

20

20

March 28

20 _____
_____
_____
_____

20 _____
_____
_____
_____

20 _____
_____
_____
_____

20 _____
_____
_____
_____

20 _____
_____
_____
_____

March 29

20 _____

20 _____

20 _____

20 _____

20 _____

March 30

20

20

20

20

20

20

20

20

20

20

Notes:

April 1

20

20

20

20

20

April 2

20 _____

20 _____

20 _____

20 _____

20 _____

April 3

20

20

20

20

20

April 4

20 _____

20 _____

20 _____

20 _____

20 _____

April 5

20

20

20

20

20

April 6

20

_____

20

_____

20

_____

20

_____

20

_____

April 7

20 _____

20 _____

20 _____

20 _____

20 _____

April 8

20 _____

20 _____

20 _____

20 _____

20 _____

April 9

20 _____

_____

_____

20 _____

_____

_____

20 _____

_____

_____

20 _____

_____

_____

20 _____

_____

_____

April 10

20

20

20

20

20

April 11

20

20

20

20

20

April 12

20

20

20

20

20

April 13

20

20

20

20

20

April 14

20 _____

20 _____

20 _____

20 _____

20 _____

April 15

20

20

20

20

20

April 16

20 _____

20 _____

20 _____

20 _____

20 _____

April 17

20 _____

20 _____

20 _____

20 _____

20 _____

April 18

20

20

20

20

20

April 19

20 _____

20 _____

20 _____

20 _____

20 _____

April 20

20 _____

20 _____

20 _____

20 _____

20 _____

April 21

20 _____
_____
_____
_____

20 _____
_____
_____
_____

20 _____
_____
_____
_____

20 _____
_____
_____
_____

20 _____
_____
_____
_____

April 22

20 _____

20 _____

20 _____

20 _____

20 _____

April 23

20

20

20

20

20

April 24

20 _____
_____
_____
_____

20 _____
_____
_____
_____

20 _____
_____
_____
_____

20 _____
_____
_____
_____

20 _____
_____
_____
_____

April 25

20 _____

20 _____

20 _____

20 _____

20 _____

20 _____
_____
_____
_____

20 _____
_____
_____
_____

20 _____
_____
_____
_____

20 _____
_____
_____
_____

20 _____
_____
_____
_____

April 27

20 _____

20 _____

20 _____

20 _____

20 _____

April 28

20

20

20

20

20

April 29

20 _____

20 _____

20 _____

20 _____

20 _____

April 30

20

20

20

20

20

Notes: _____

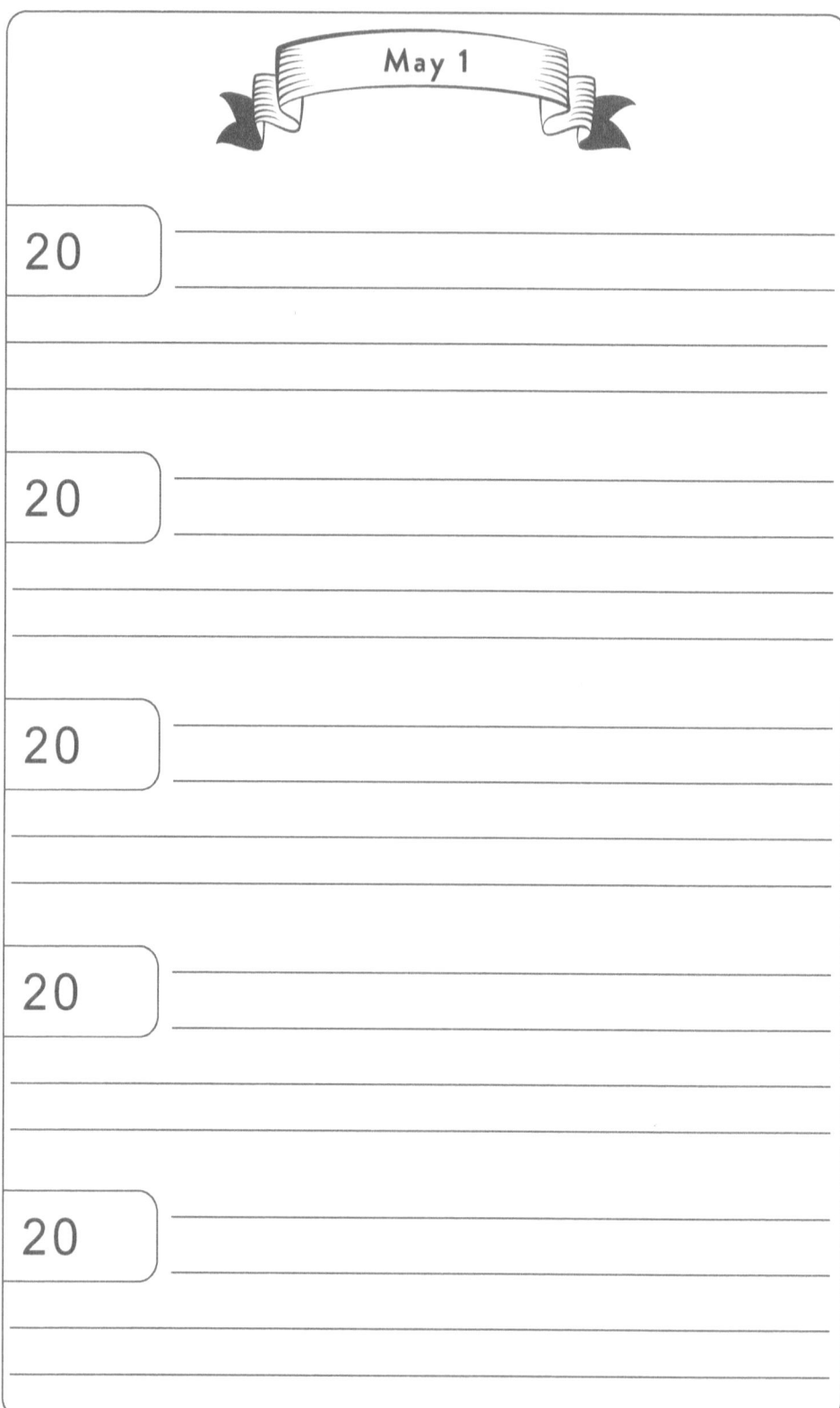

May 1

20

20

20

20

20

May 2

20

20

20

20

20

May 3

20 _____

20 _____

20 _____

20 _____

20 _____

May 4

20

20

20

20

20

May 5

20 _____
_____
_____
_____

20 _____
_____
_____
_____

20 _____
_____
_____
_____

20 _____
_____
_____
_____

20 _____
_____
_____
_____

May 6

20

20

20

20

20

May 7

20

20

20

20

20

May 8

20

20

20

20

20

May 9

20 _____

20 _____

20 _____

20 _____

20 _____

May 10

20

20

20

20

20

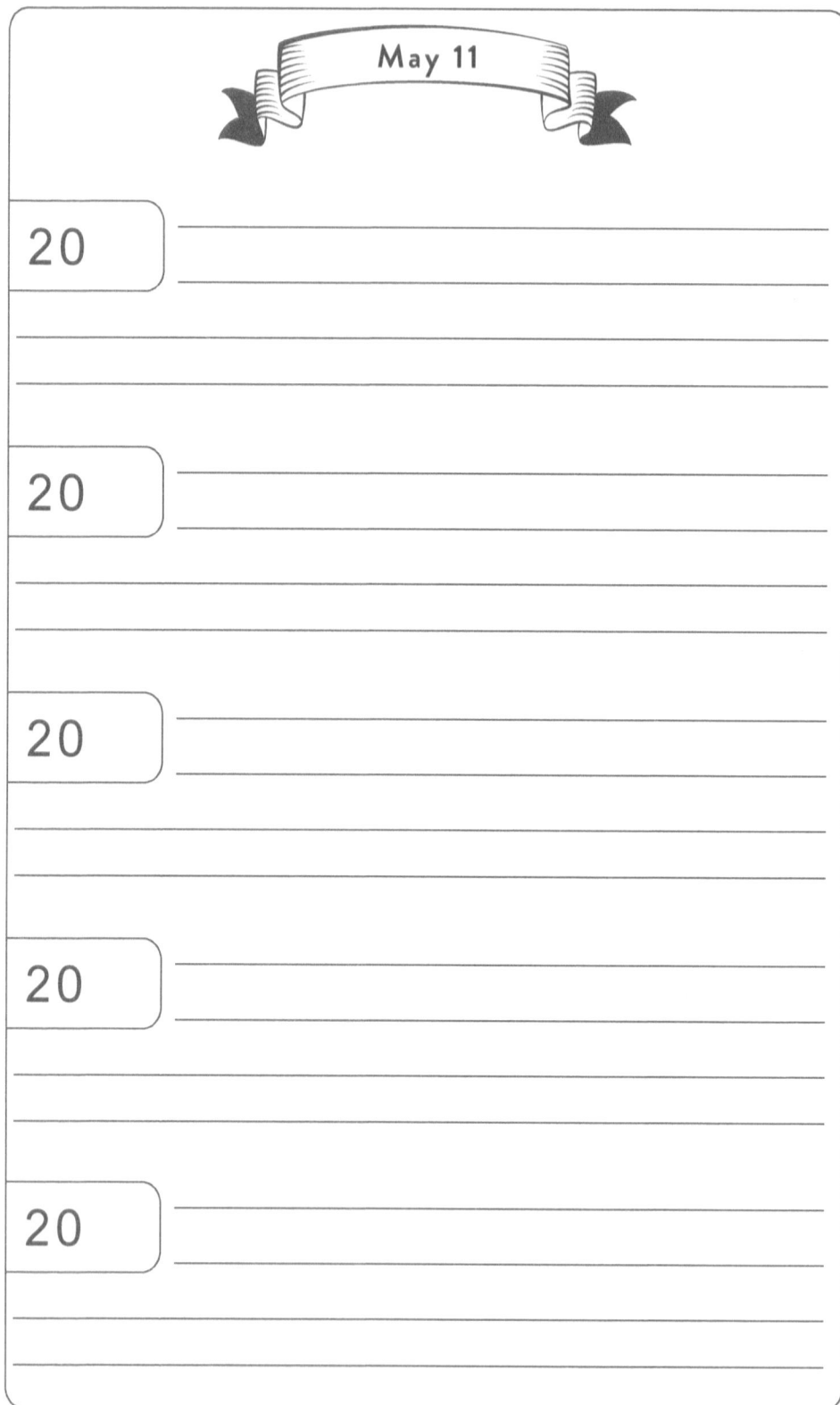

May 11

20

20

20

20

20

May 12

20

20

20

20

20

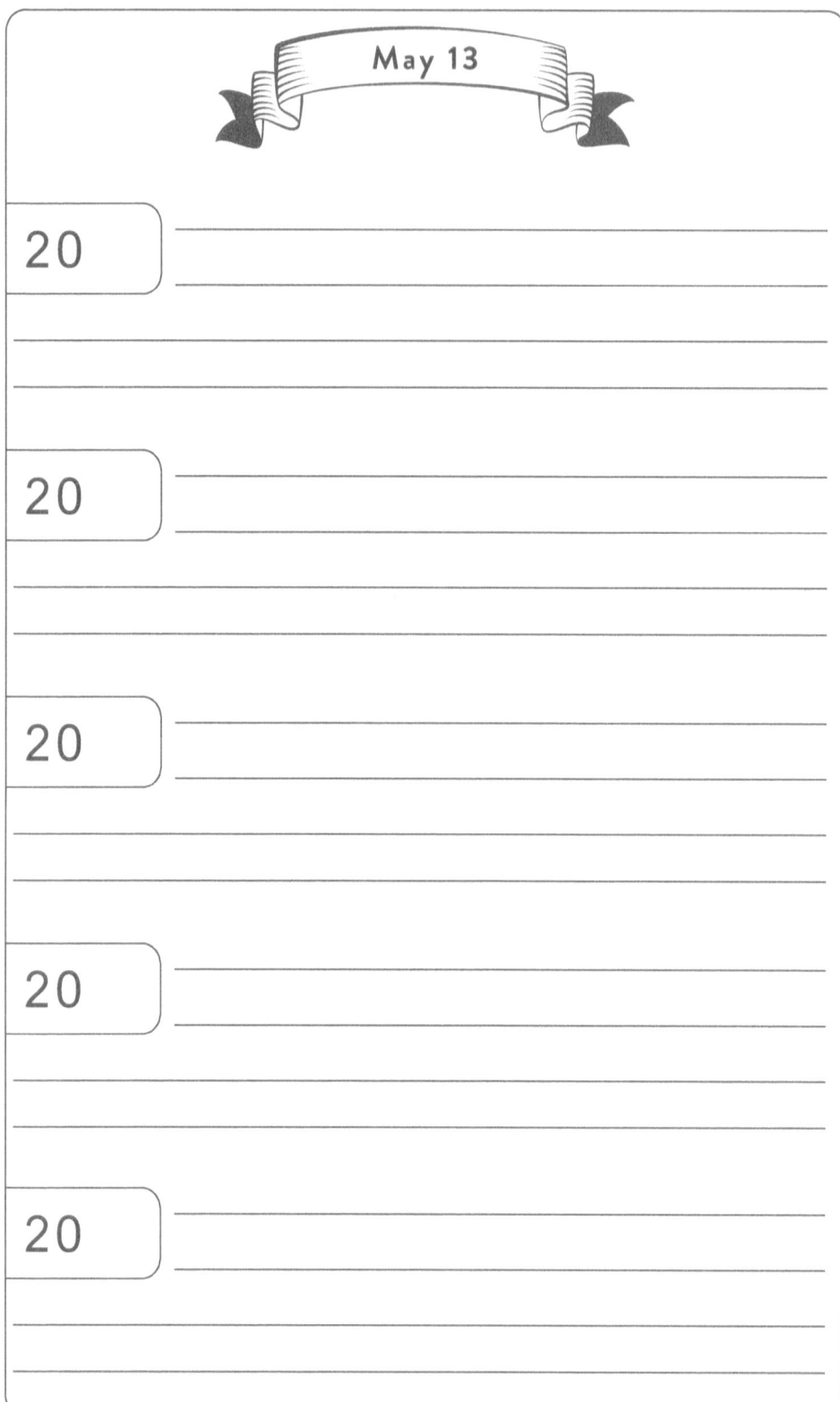

May 13

20

20

20

20

20

May 14

20 _____

20 _____

20 _____

20 _____

20 _____

20 _____
_____
_____
_____

20 _____
_____
_____
_____

20 _____
_____
_____
_____

20 _____
_____
_____
_____

20 _____
_____
_____
_____

May 16

20 _____
_____
_____
_____

20 _____
_____
_____
_____

20 _____
_____
_____
_____

20 _____
_____
_____
_____

20 _____
_____
_____
_____

May 17

20 _____

20 _____

20 _____

20 _____

20 _____

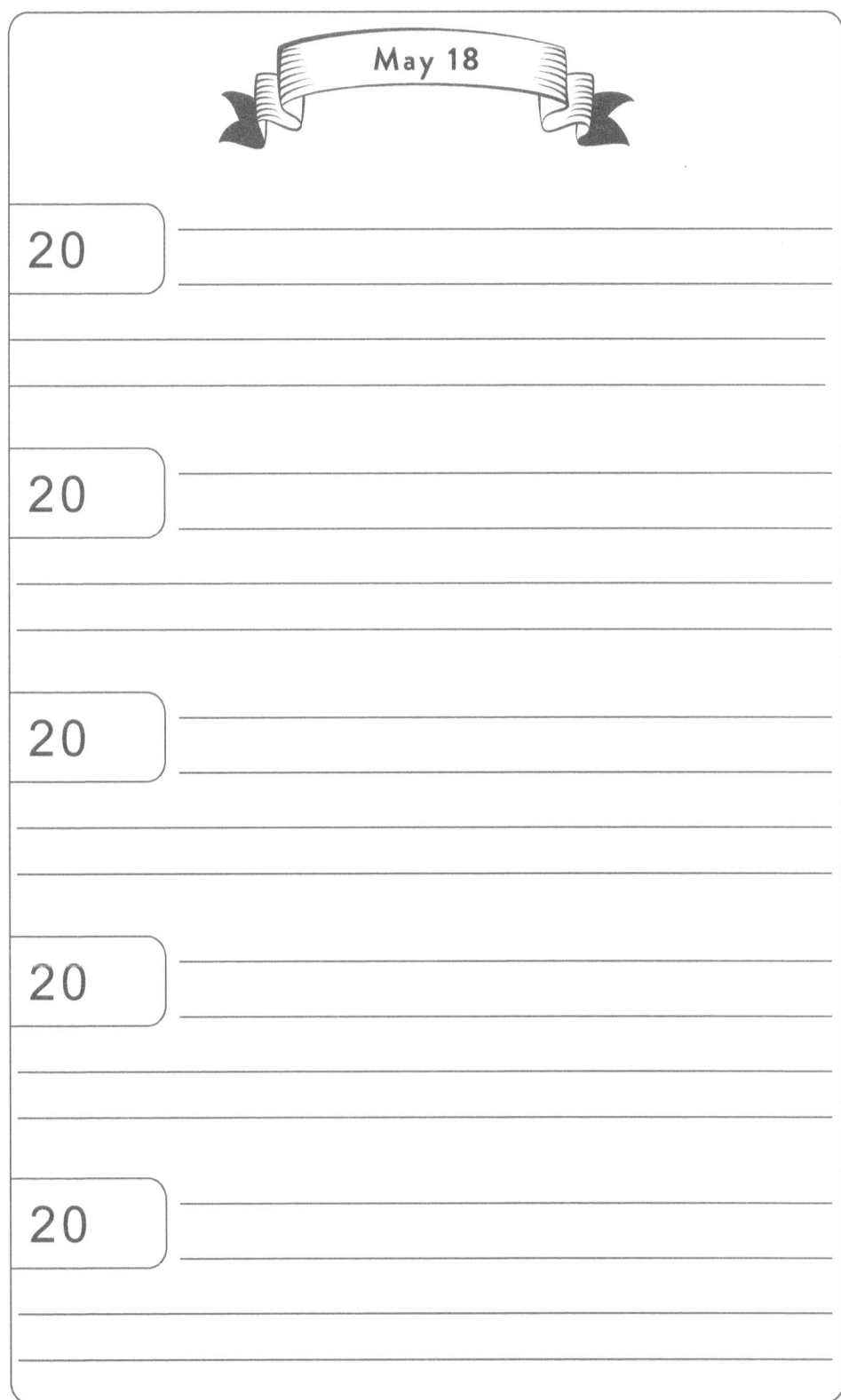

May 18

20

20

20

20

20

May 19

20 _____

20 _____

20 _____

20 _____

20 _____

May 20

20 _____

20 _____

20 _____

20 _____

20 _____

May 21

20

20

20

20

20

20 _____
_____
_____
_____

20 _____
_____
_____
_____

20 _____
_____
_____
_____

20 _____
_____
_____
_____

20 _____
_____
_____
_____

May 23

20 _____

20 _____

20 _____

20 _____

20 _____

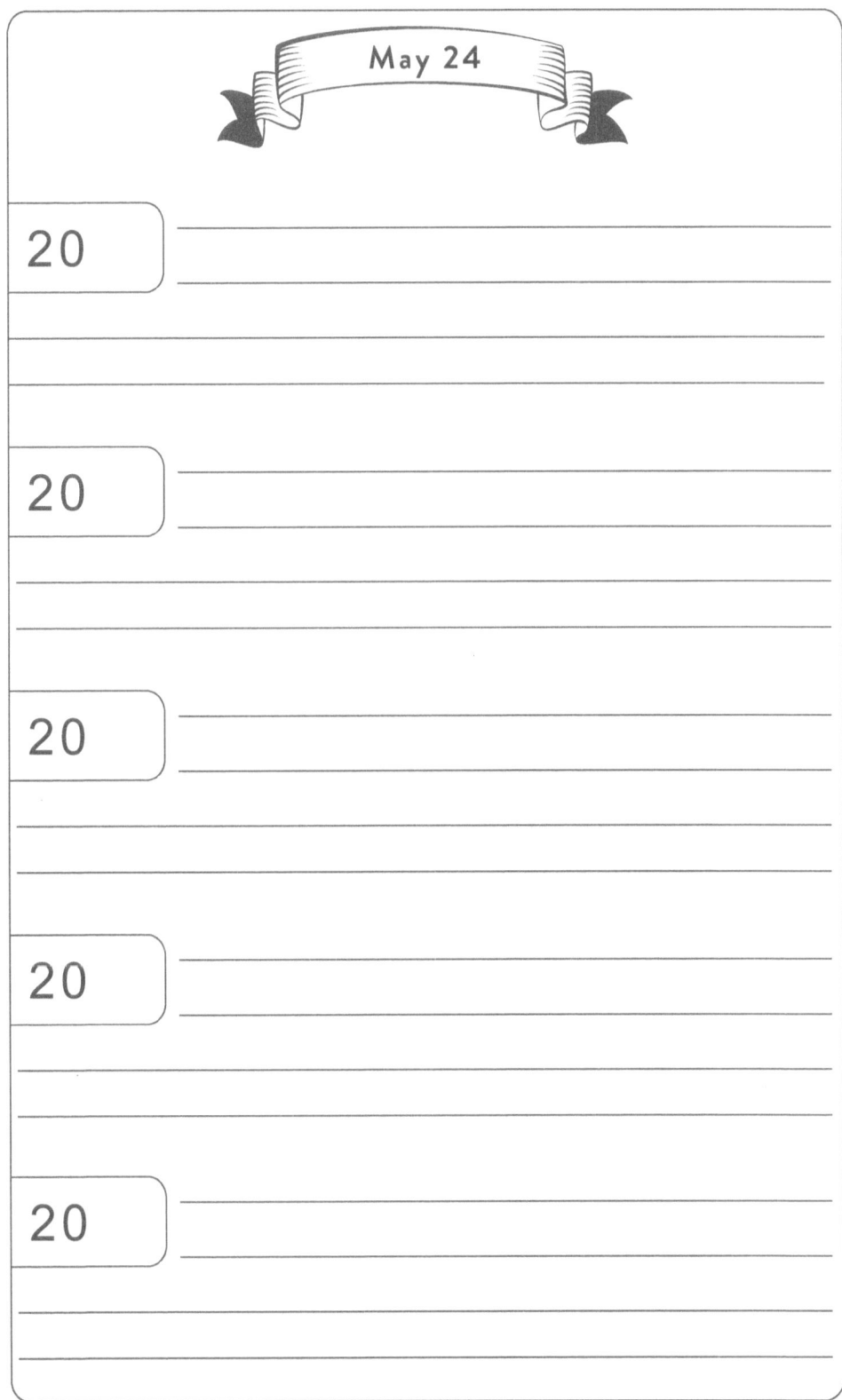

May 24

20

20

20

20

20

May 25

20

20

20

20

20

May 26

20 _____

20 _____

20 _____

20 _____

20 _____

May 27

20 _____

20 _____

20 _____

20 _____

20 _____

May 28

20

20

20

20

20

20 _____

20 _____

20 _____

20 _____

20 _____

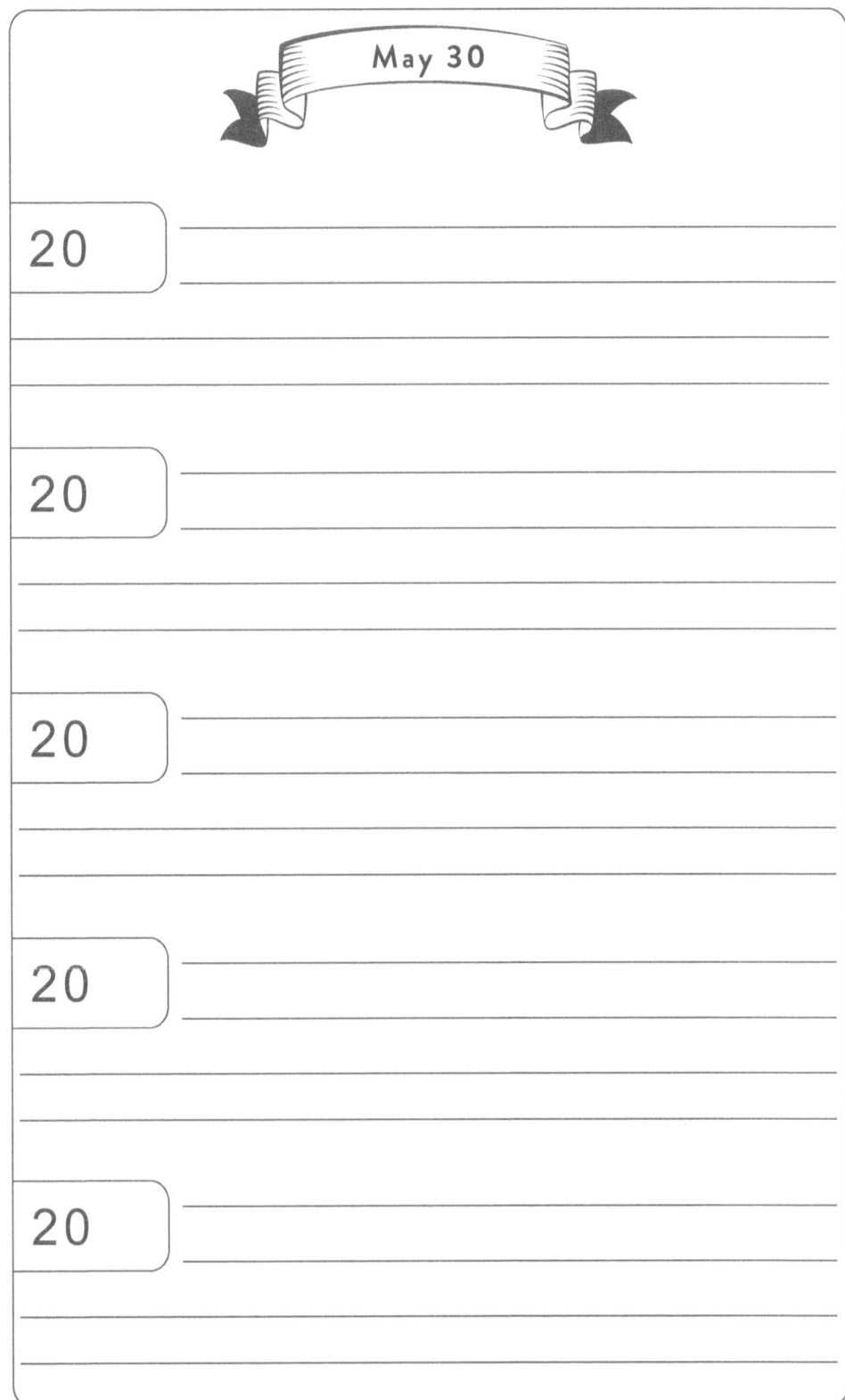

May 30

20

20

20

20

20

May 31

20

_____
_____
_____
_____

20

_____
_____
_____
_____

20

_____
_____
_____
_____

20

_____
_____
_____
_____

20

_____
_____
_____
_____

Notes: _____

June 1

20

20

20

20

20

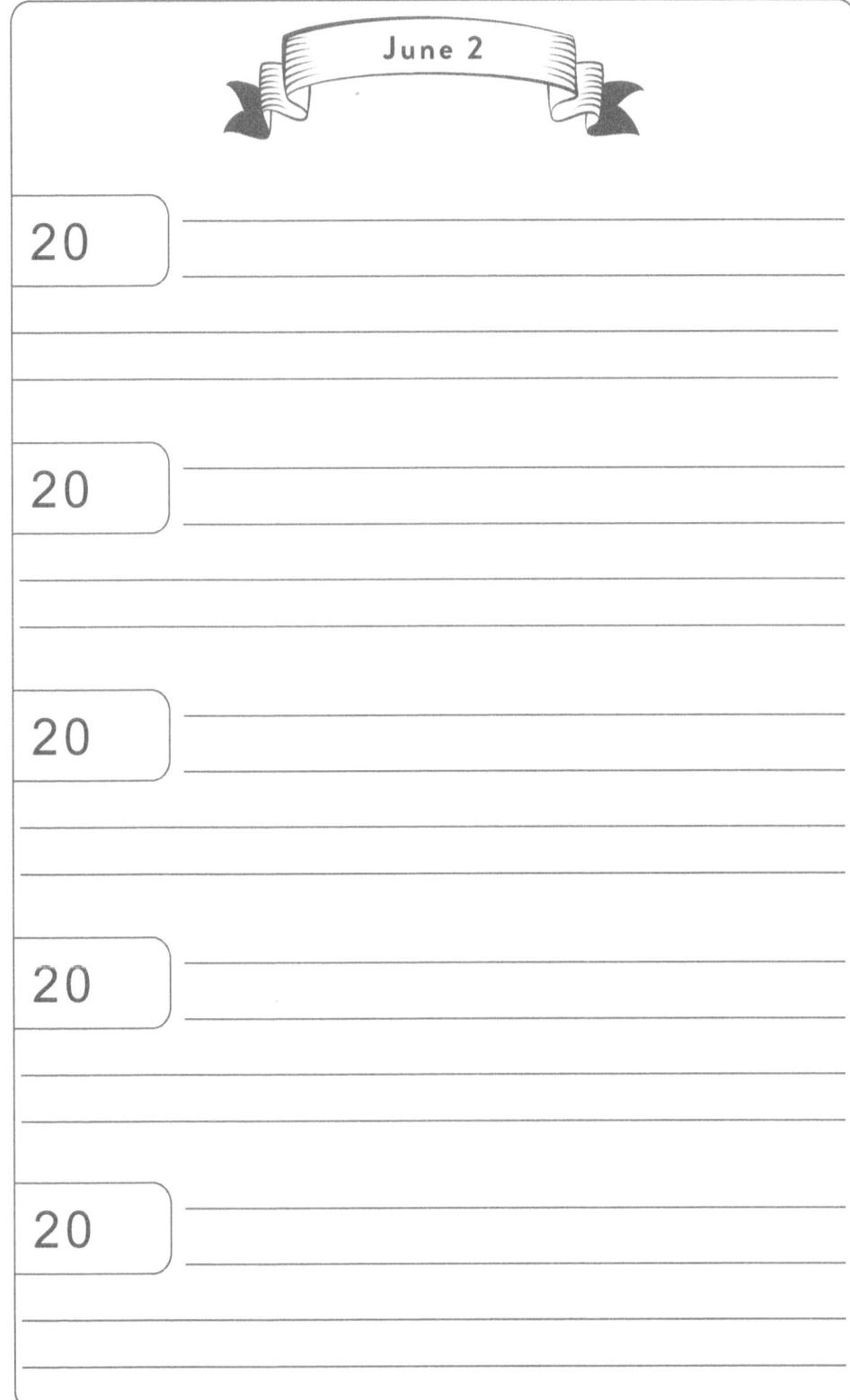

June 2

20

20

20

20

20

June 3

20

20

20

20

20

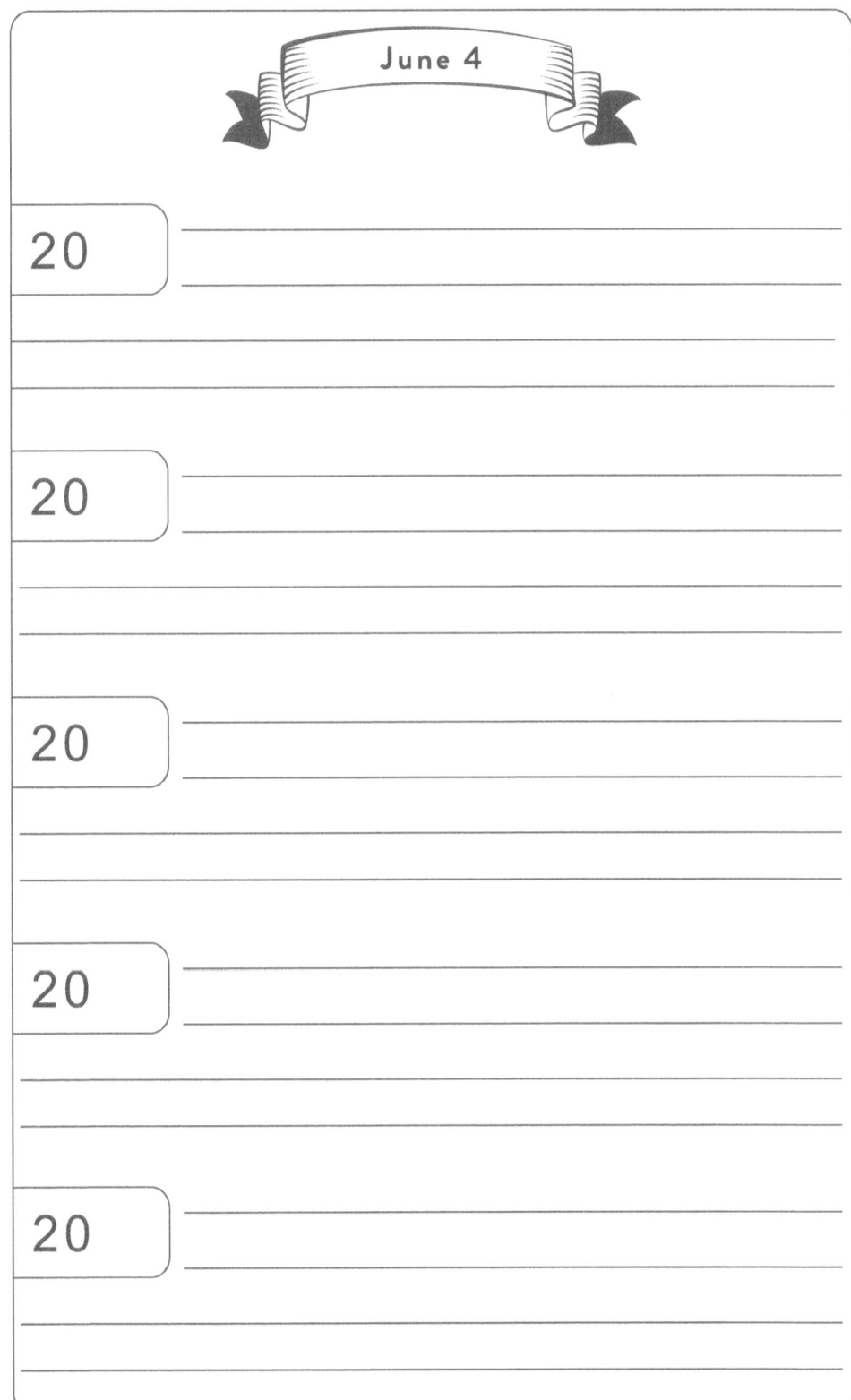

June 4

20

20

20

20

20

June 5

20

20

20

20

20

June 6

20

20

20

20

20

June 7

20

20

20

20

20

June 8

20 _____

20 _____

20 _____

20 _____

20 _____

June 9

20

20

20

20

20

June 10

20

20

20

20

20

June 11

20

20

20

20

20

June 12

20 _____

20 _____

20 _____

20 _____

20 _____

June 13

20 _____
_____
_____
_____

20 _____
_____
_____
_____

20 _____
_____
_____
_____

20 _____
_____
_____
_____

20 _____
_____
_____
_____

June 14

20

20

20

20

20

June 15

20 _____

20 _____

20 _____

20 _____

20 _____

June 16

20

20

20

20

20

June 17

20 _____

20 _____

20 _____

20 _____

20 _____

June 18

20

20

20

20

20

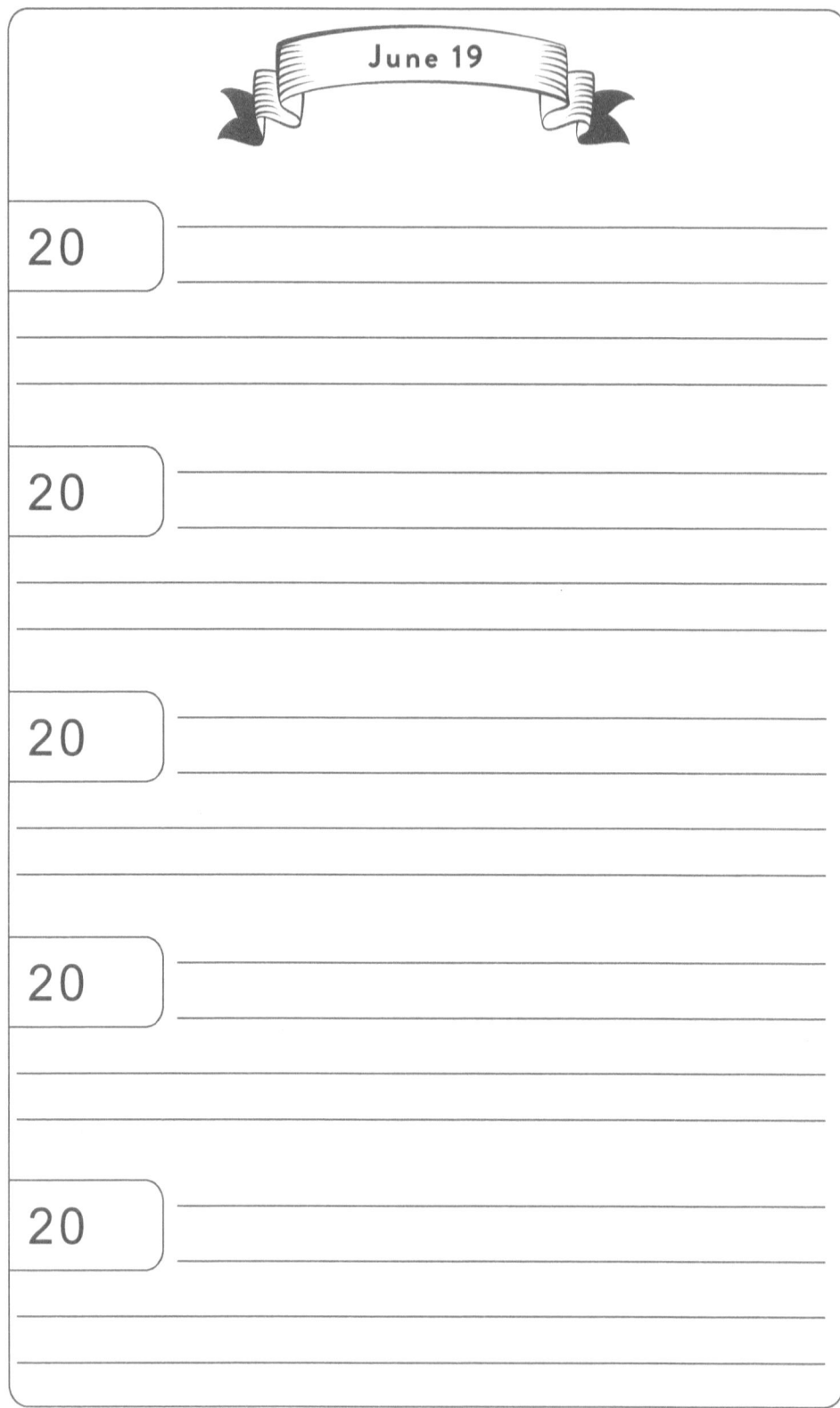

June 19

20

20

20

20

20

June 20

20

_____
_____
_____
_____

20

_____
_____
_____
_____

20

_____
_____
_____
_____

20

_____
_____
_____
_____

20

_____
_____
_____
_____

June 21

20

20

20

20

20

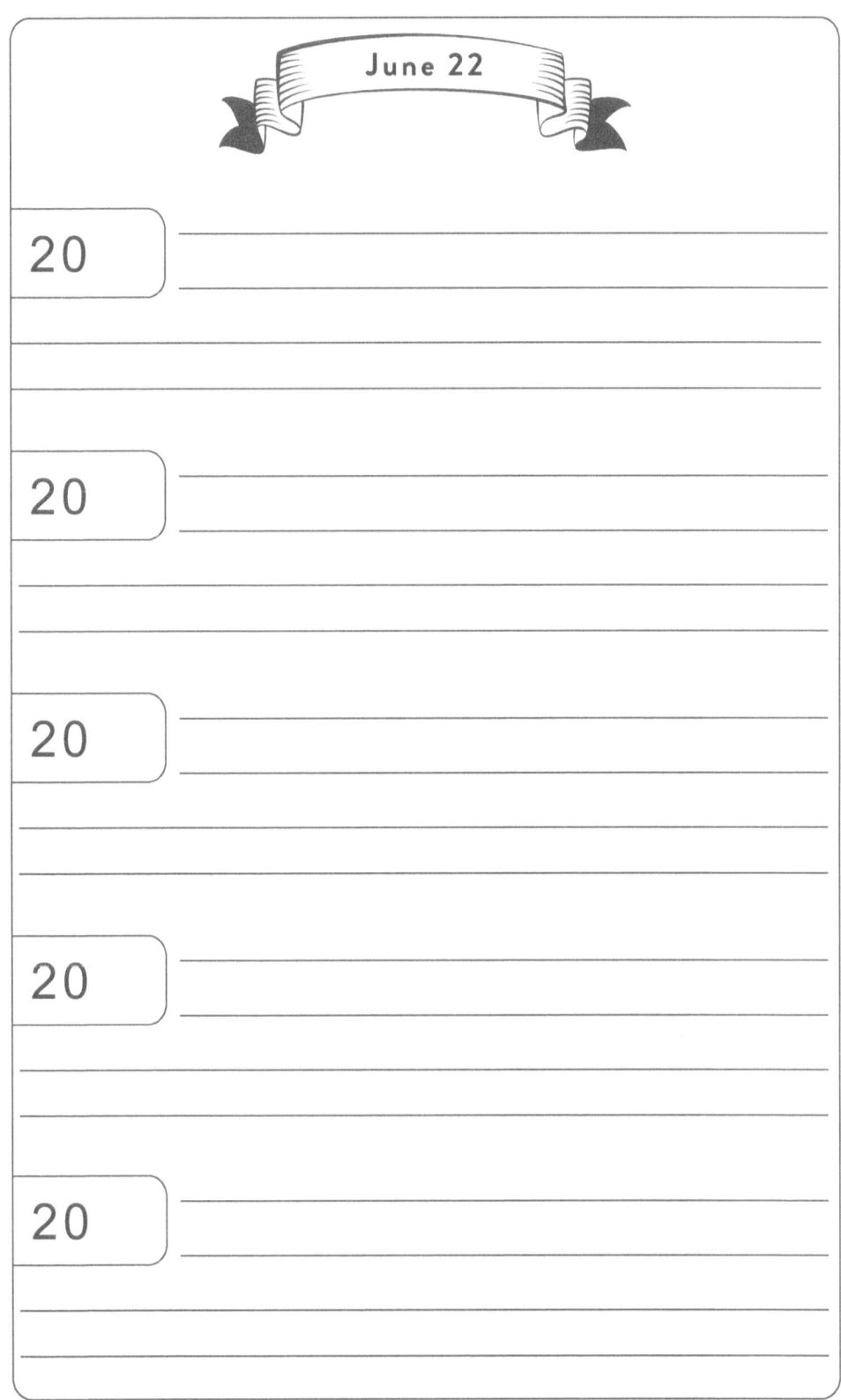

June 22

20

20

20

20

20

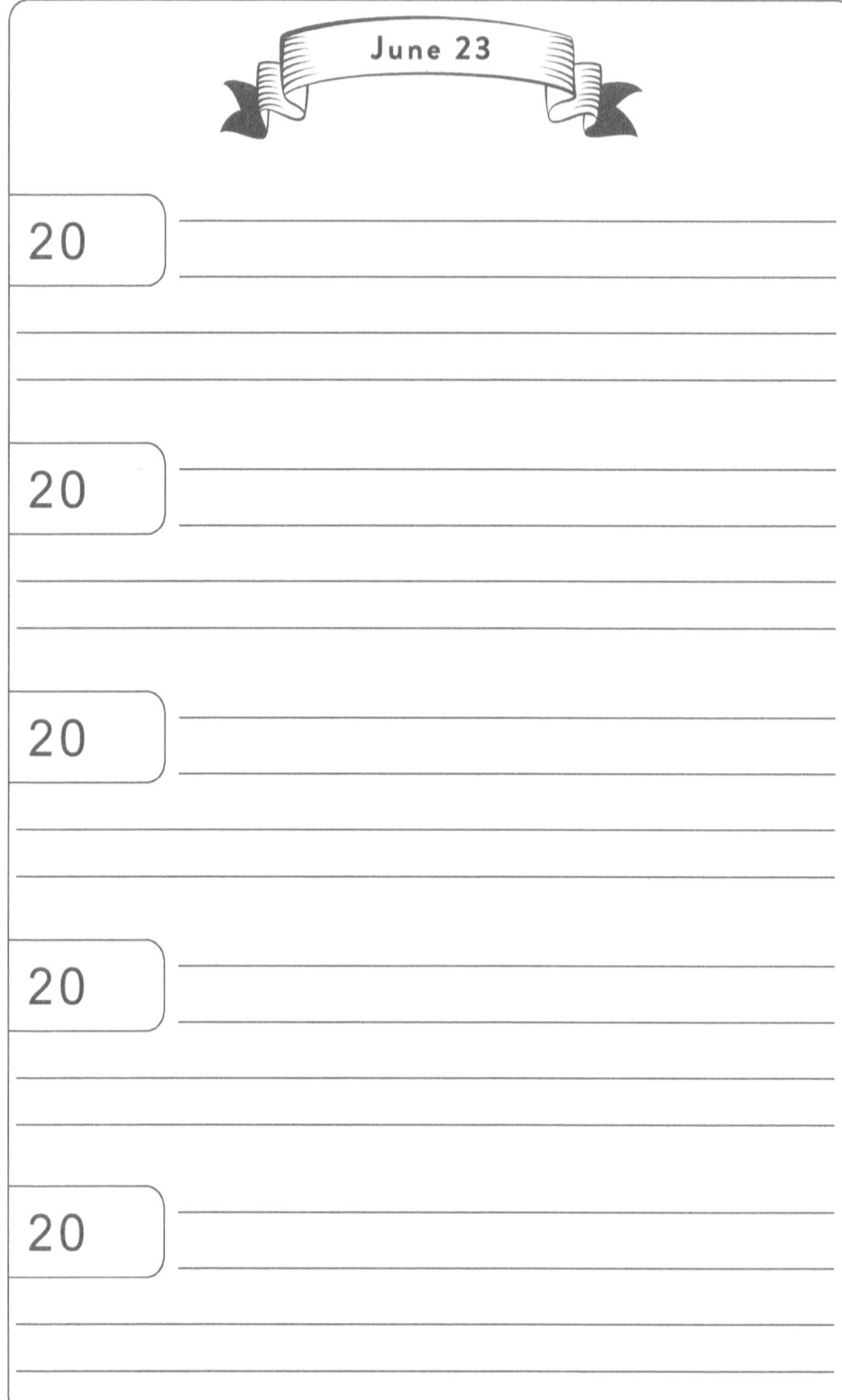

June 23

20

20

20

20

20

June 24

20

20

20

20

20

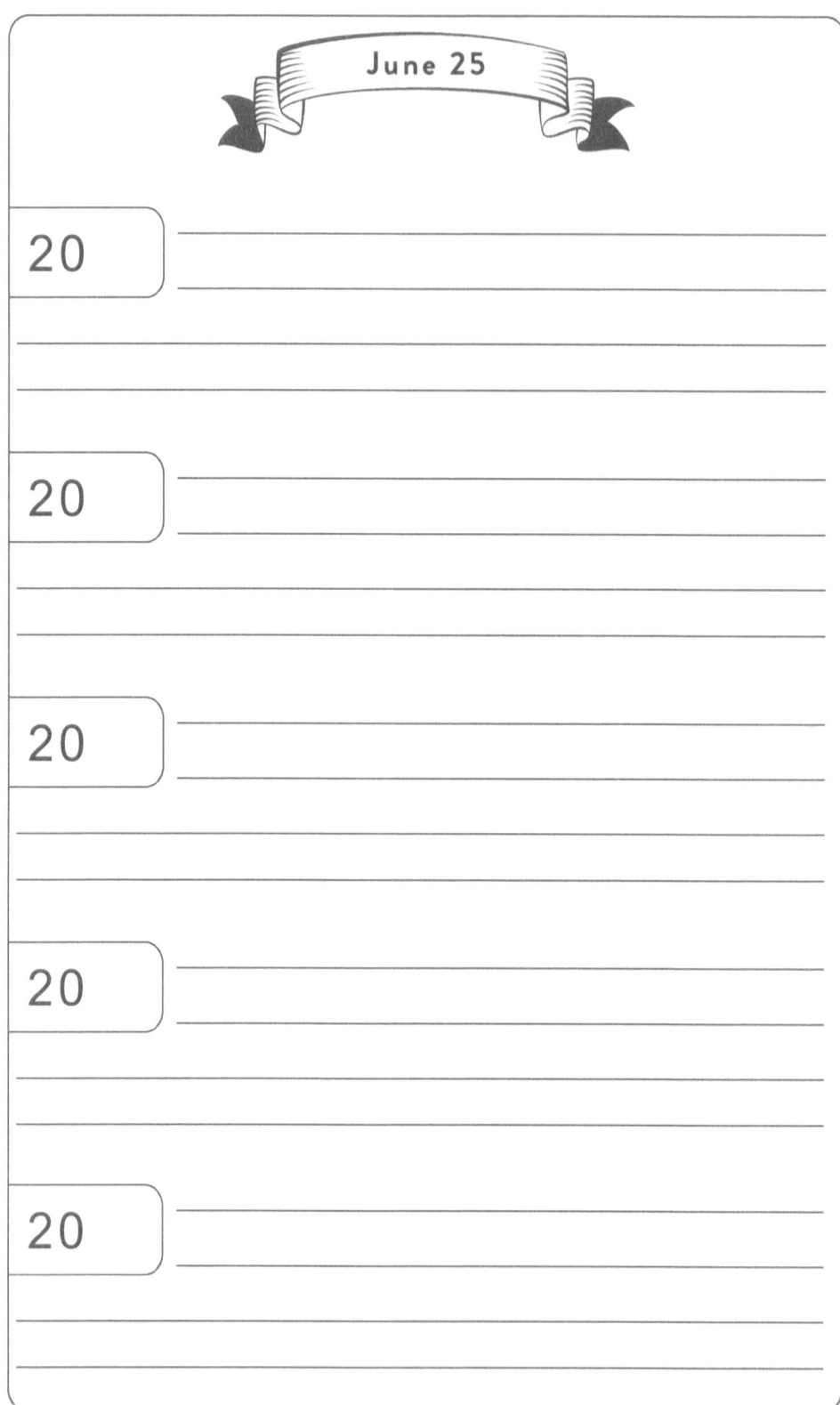

June 25

20

20

20

20

20

June 26

20

20

20

20

20

June 27

20

20

20

20

20

June 28

20

20

20

20

20

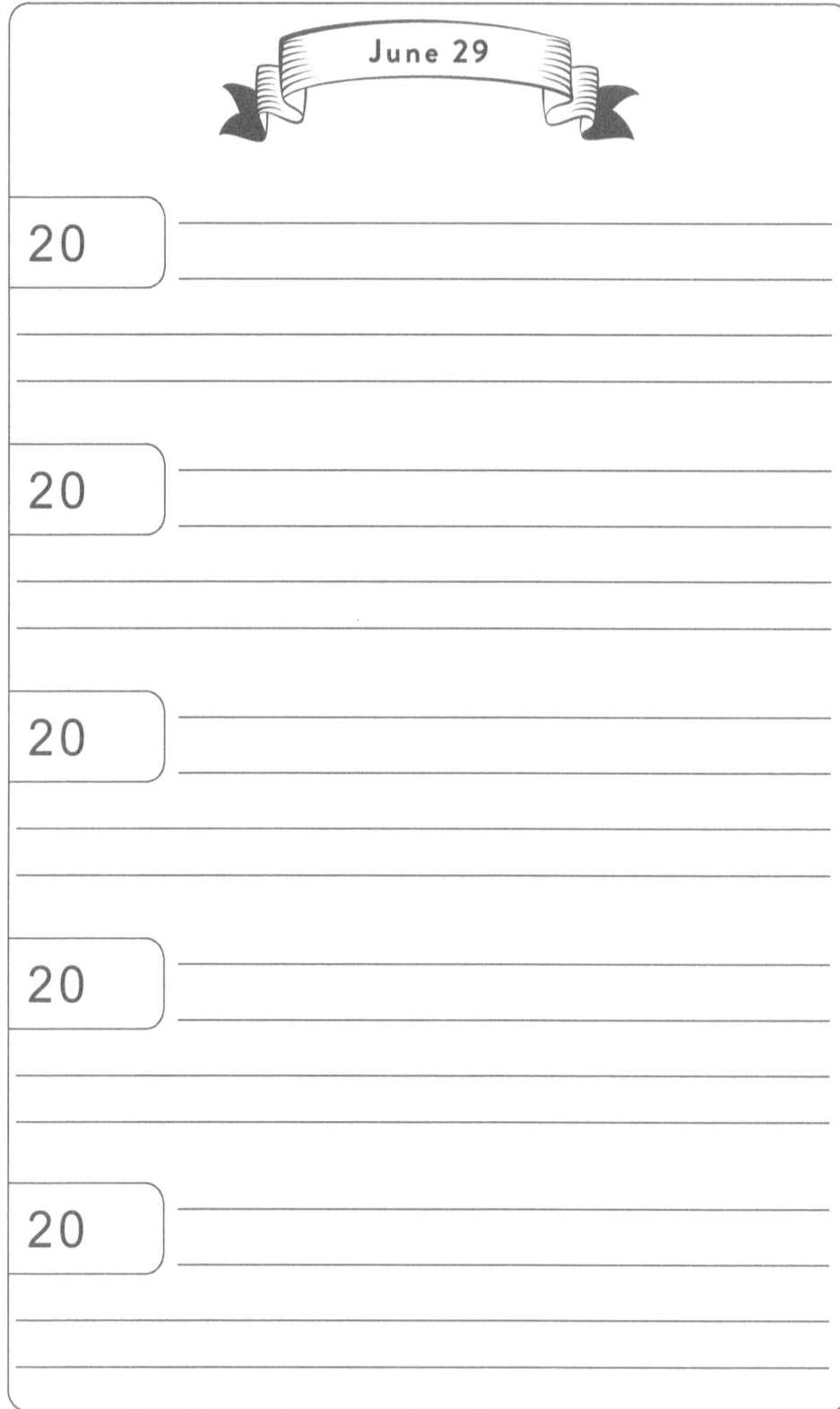

June 29

20

20

20

20

20

June 30

20 _____

20 _____

20 _____

20 _____

20 _____

Notes: _____

July 1

20 _____

20 _____

20 _____

20 _____

20 _____

July 2

20 _____

20 _____

20 _____

20 _____

20 _____

July 3

20 _____

20 _____

20 _____

20 _____

20 _____

July 4

20

20

20

20

20

20 _____
_____
_____
_____

20 _____
_____
_____
_____

20 _____
_____
_____
_____

20 _____
_____
_____
_____

20 _____
_____
_____
_____

July 6

20

20

20

20

20

July 7

20

20

20

20

20

July 8

20

20

20

20

20

July 9

20

20

20

20

20

July 10

20 _____

20 _____

20 _____

20 _____

20 _____

July 11

20

20

20

20

20

July 12

20 _____

20 _____

20 _____

20 _____

20 _____

July 13

20

20

20

20

20

July 14

20 _____
_____
_____
_____

20 _____
_____
_____
_____

20 _____
_____
_____
_____

20 _____
_____
_____
_____

20 _____
_____
_____
_____

July 15

20

20

20

20

20

July 16

20 _____
_____
_____
_____

20 _____
_____
_____
_____

20 _____
_____
_____
_____

20 _____
_____
_____
_____

20 _____
_____
_____
_____

July 17

20 _____
_____
_____
_____

20 _____
_____
_____
_____

20 _____
_____
_____
_____

20 _____
_____
_____
_____

20 _____
_____
_____
_____

July 18

20 _____

20 _____

20 _____

20 _____

20 _____

July 19

20

20

20

20

20

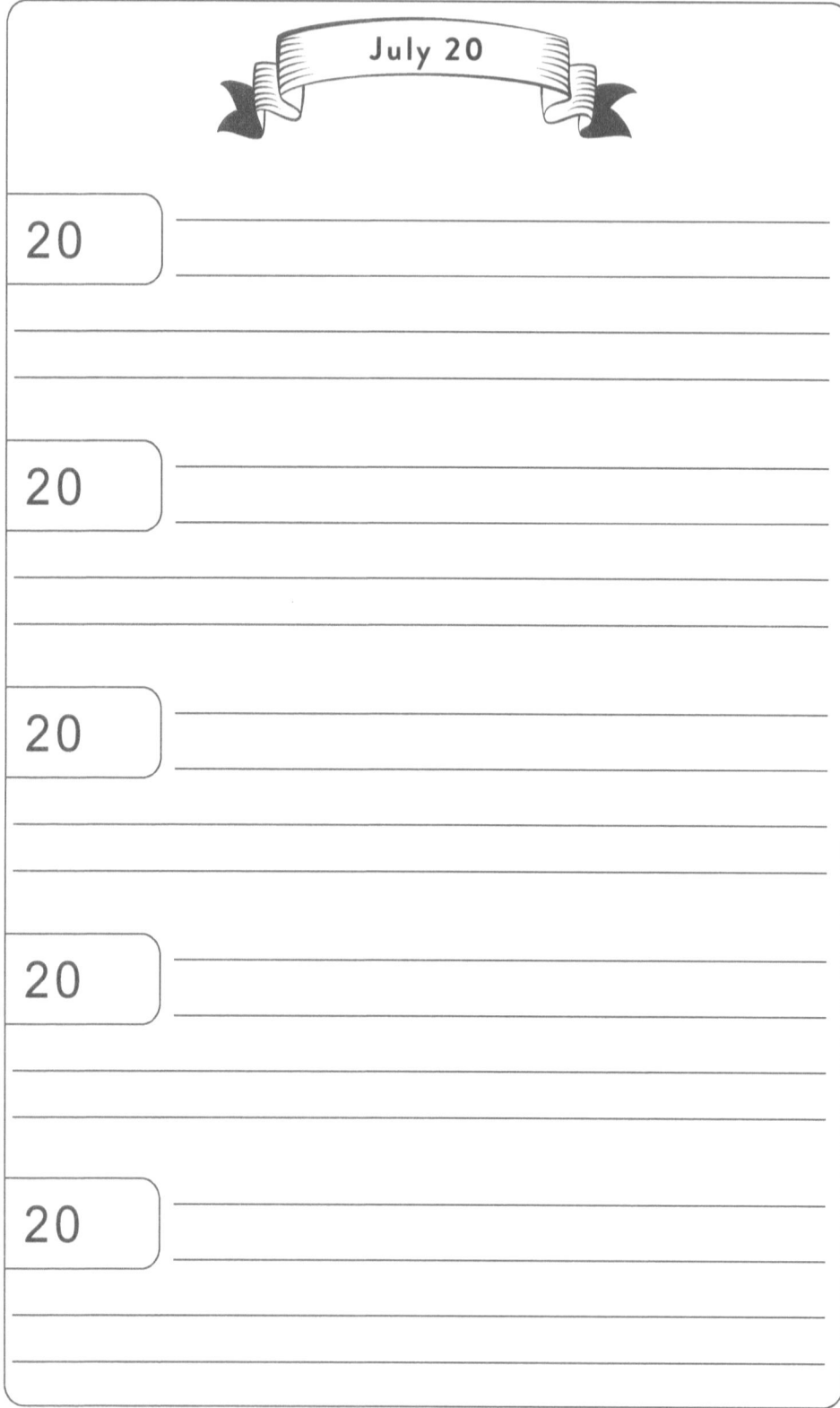

July 20

20

20

20

20

20

July 21

20

20

20

20

20

July 22

20

20

20

20

20

July 23

20

20

20

20

20

July 24

20

20

20

20

20

July 25

20 _____

20 _____

20 _____

20 _____

20 _____

July 26

20
_____
_____
_____
_____

20
_____
_____
_____
_____

20
_____
_____
_____
_____

20
_____
_____
_____
_____

20
_____
_____
_____
_____

July 27

20

20

20

20

20

20 _____

_____

_____

20 _____

_____

_____

20 _____

_____

_____

20 _____

_____

_____

20 _____

_____

_____

July 29

20 _____

20 _____

20 _____

20 _____

20 _____

July 30

20

20

20

20

20

July 31

20 _____

20 _____

20 _____

20 _____

20 _____

Notes: _____

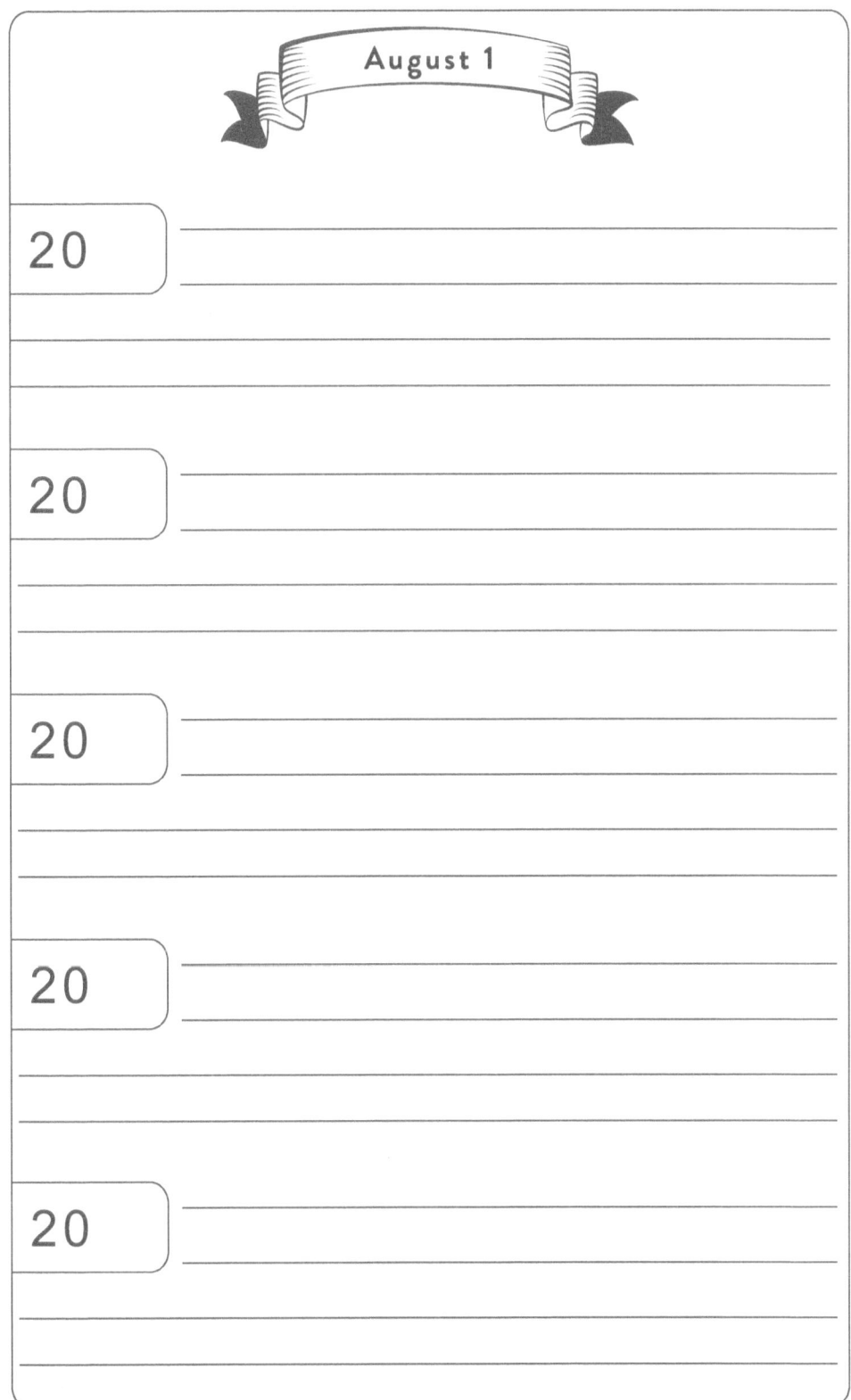

August 1

20

20

20

20

20

August 2

20

20

20

20

20

August 3

20

_____

_____

_____

_____

20

_____

_____

_____

_____

20

_____

_____

_____

_____

20

_____

_____

_____

_____

20

_____

_____

_____

_____

August 4

20

_____
_____
_____
_____

20

_____
_____
_____
_____

20

_____
_____
_____
_____

20

_____
_____
_____
_____

20

_____
_____
_____

August 5

20

20

20

20

20

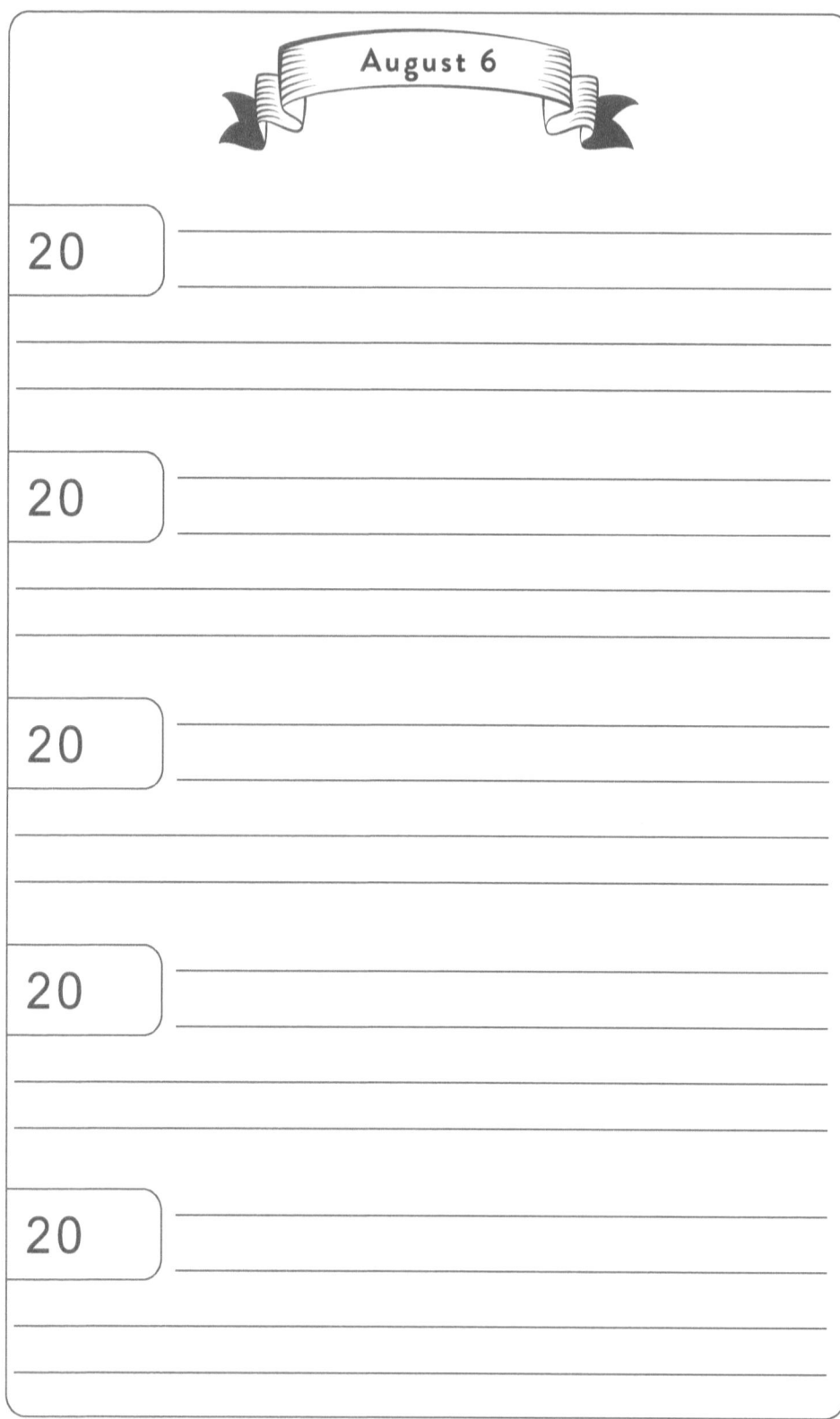

August 6

20

20

20

20

20

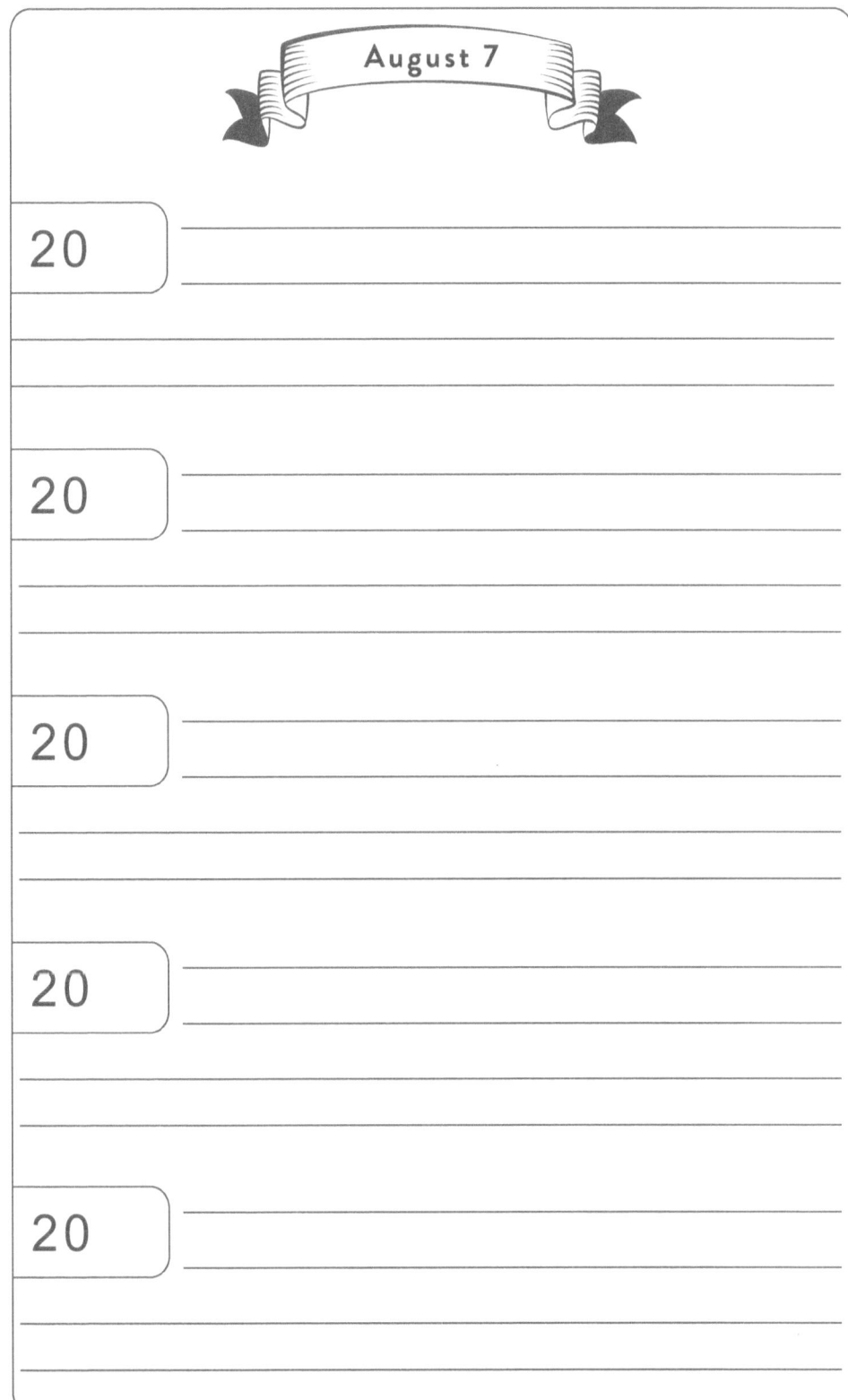

August 7

20

20

20

20

20

August 8

20 _____

20 _____

20 _____

20 _____

20 _____

August 9

20

20

20

20

20

August 10

20

20

20

20

20

August 11

20

20

20

20

20

August 12

20 _____

20 _____

20 _____

20 _____

20 _____

August 13

20

20

20

20

20

August 14

20 _____

20 _____

20 _____

20 _____

20 _____

August 15

20

20

20

20

20

August 16

20 _____

20 _____

20 _____

20 _____

20 _____

August 17

20

20

20

20

20

August 18

20

20

20

20

20

August 19

20

20

20

20

20

20 _____
_____
_____
_____

20 _____
_____
_____
_____

20 _____
_____
_____
_____

20 _____
_____
_____
_____

20 _____
_____
_____
_____

August 21

20

20

20

20

20

August 22

20 _____
_____
_____
_____

20 _____
_____
_____
_____

20 _____
_____
_____
_____

20 _____
_____
_____
_____

20 _____
_____
_____
_____

20

20

20

20

20

August 24

20 _____

20 _____

20 _____

20 _____

20 _____

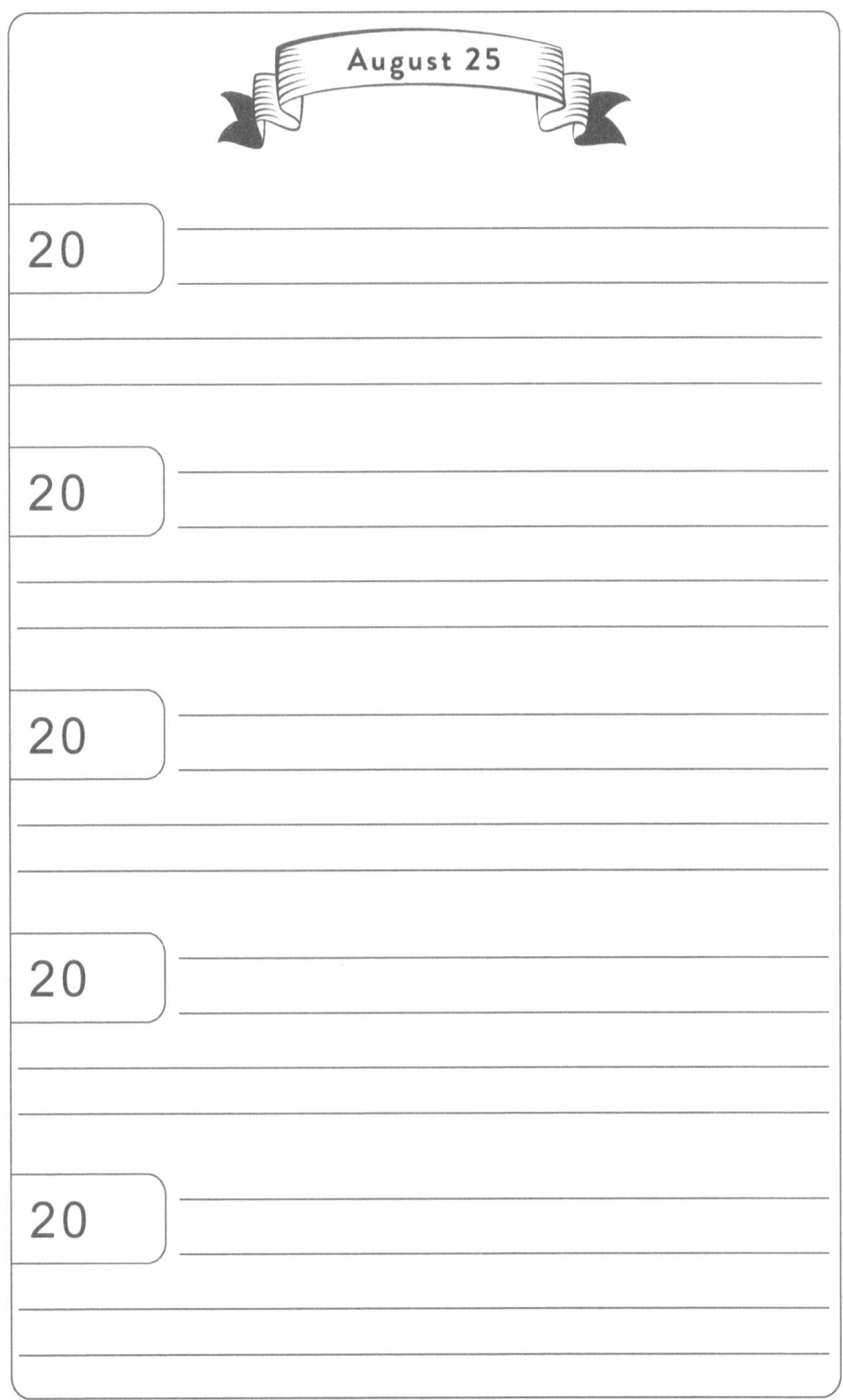

August 25

20

20

20

20

20

August 26

20

20

20

20

20

August 27

20

20

20

20

20

August 28

20

20

20

20

20

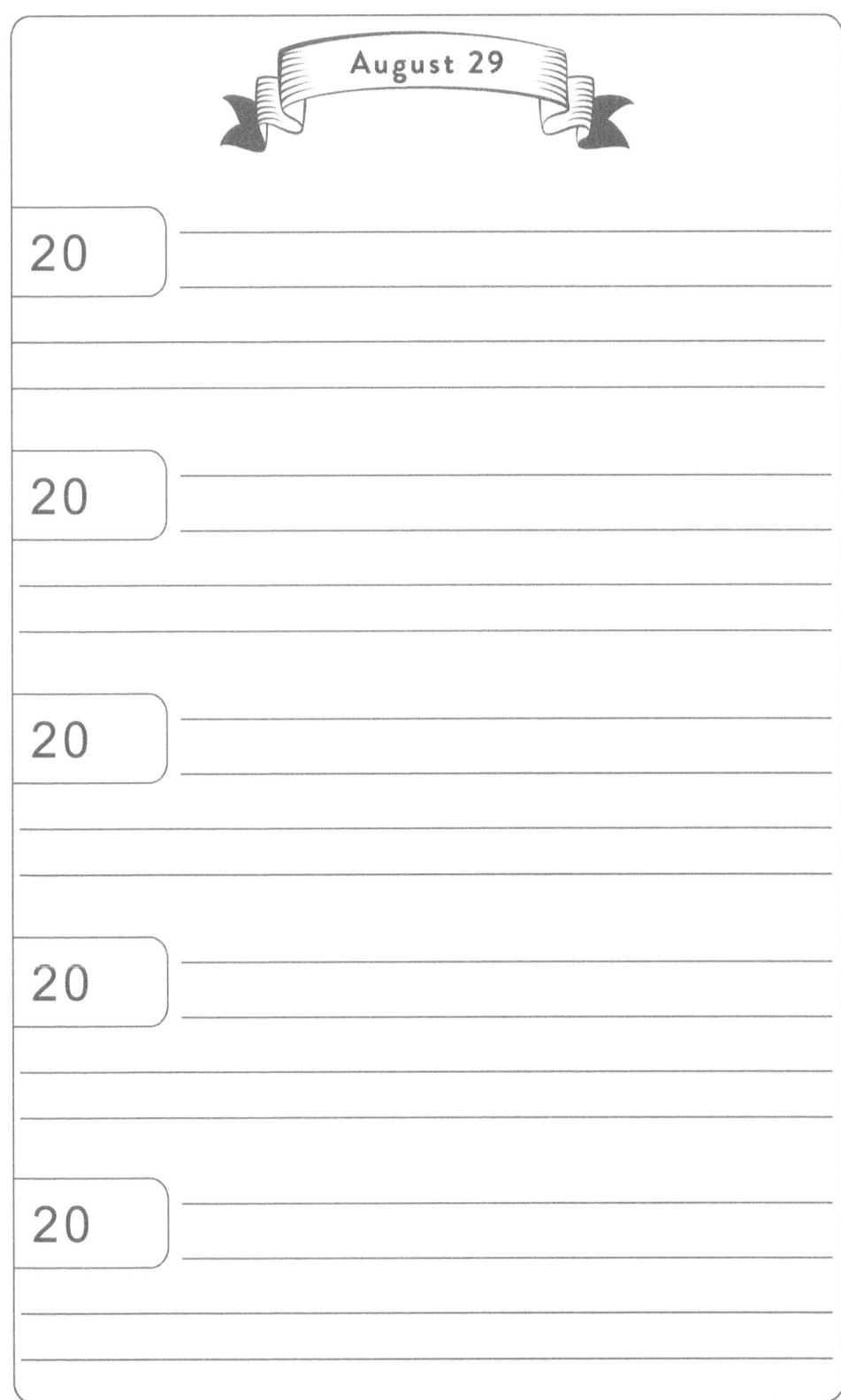

August 29

20

20

20

20

20

August 30

20
_____
_____
_____
_____

20
_____
_____
_____
_____

20
_____
_____
_____
_____

20
_____
_____
_____
_____

20
_____
_____
_____
_____

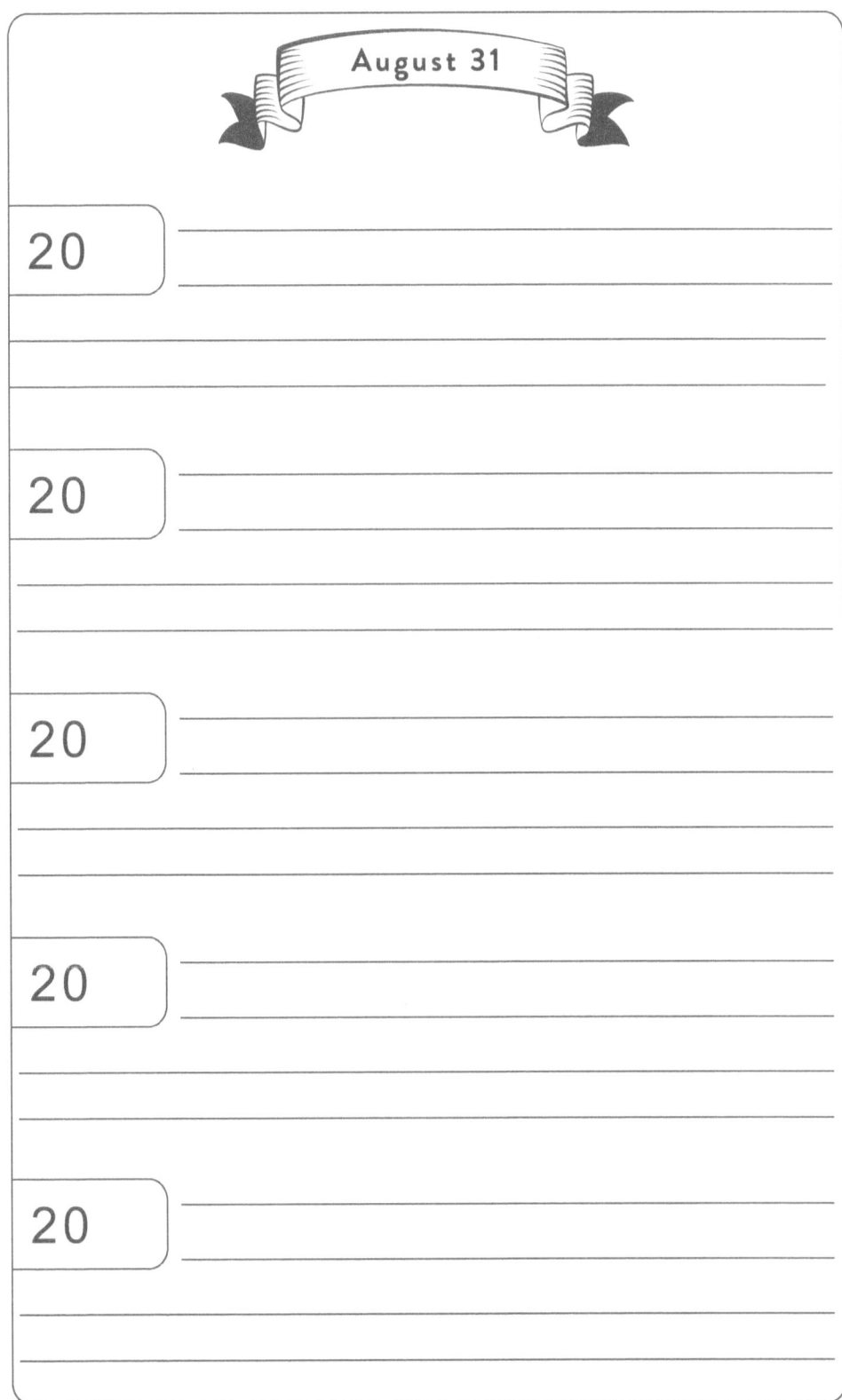

August 31

20

20

20

20

20

Notes: _____

September 1

20 _____

20 _____

20 _____

20 _____

20 _____

September 2

20

20

20

20

20

September 3

20

20

20

20

20

September 4

20

20

20

20

20

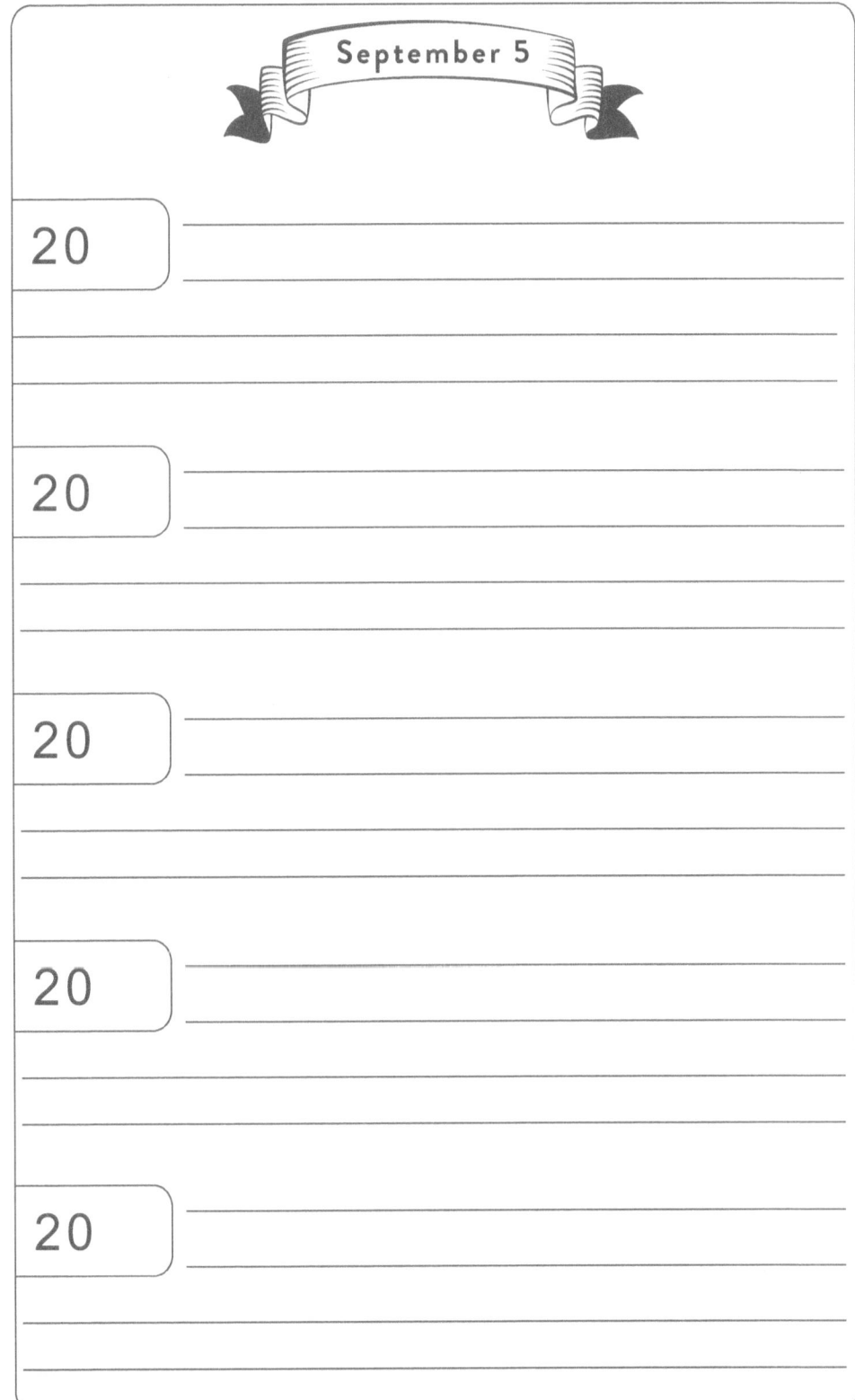

September 5

20

20

20

20

20

September 6

20

20

20

20

20

September 7

20

20

20

20

20

September 8

20

20

20

20

20

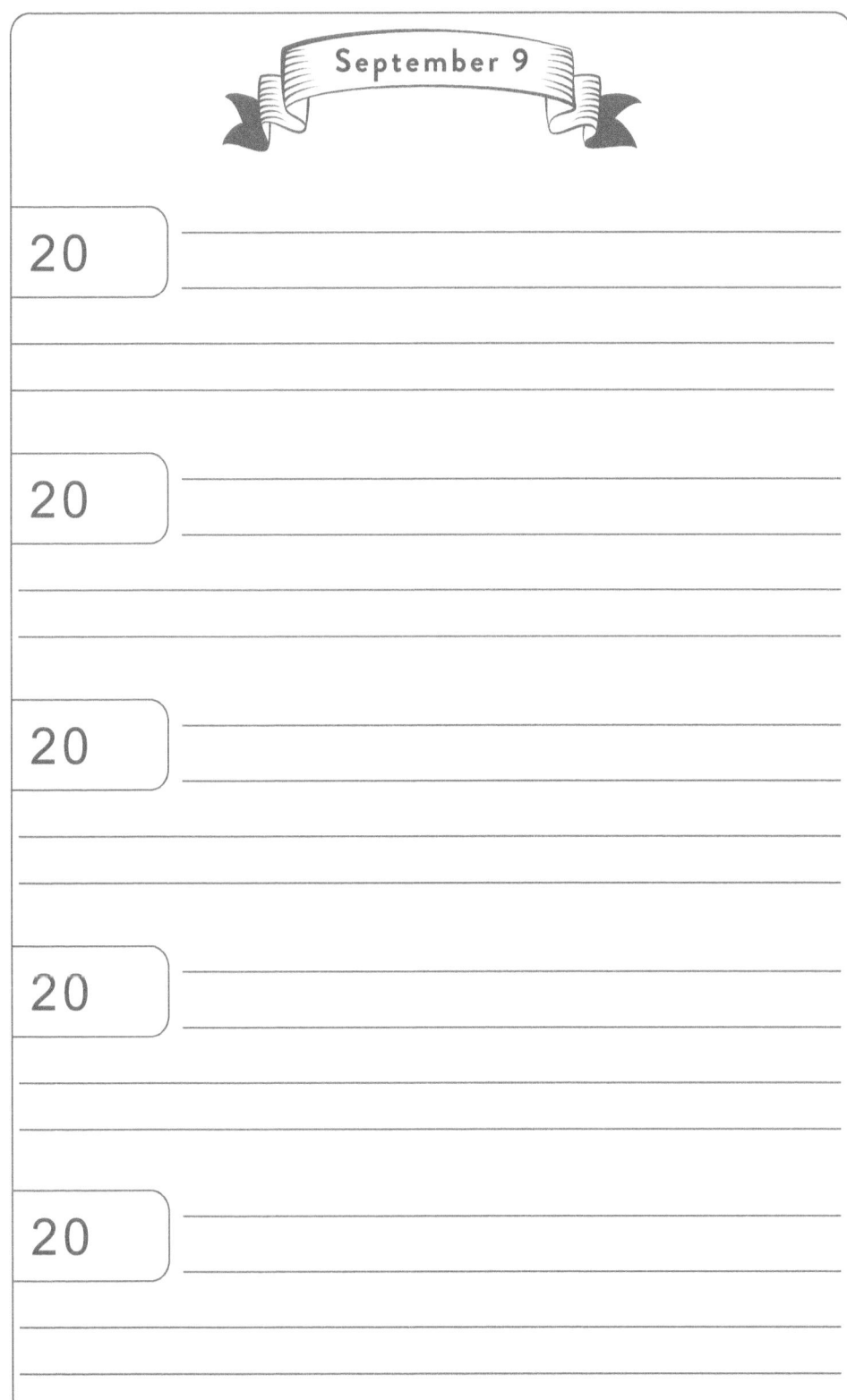

September 9

20

20

20

20

20

September 10

20

20

20

20

20

September 11

20

20

20

20

20

September 12

20

_____
_____
_____
_____

20

_____
_____
_____
_____

20

_____
_____
_____
_____

20

_____
_____
_____
_____

20

_____
_____
_____
_____

20

20

20

20

20

September 14

20

20

20

20

20

September 15

20

20

20

20

20

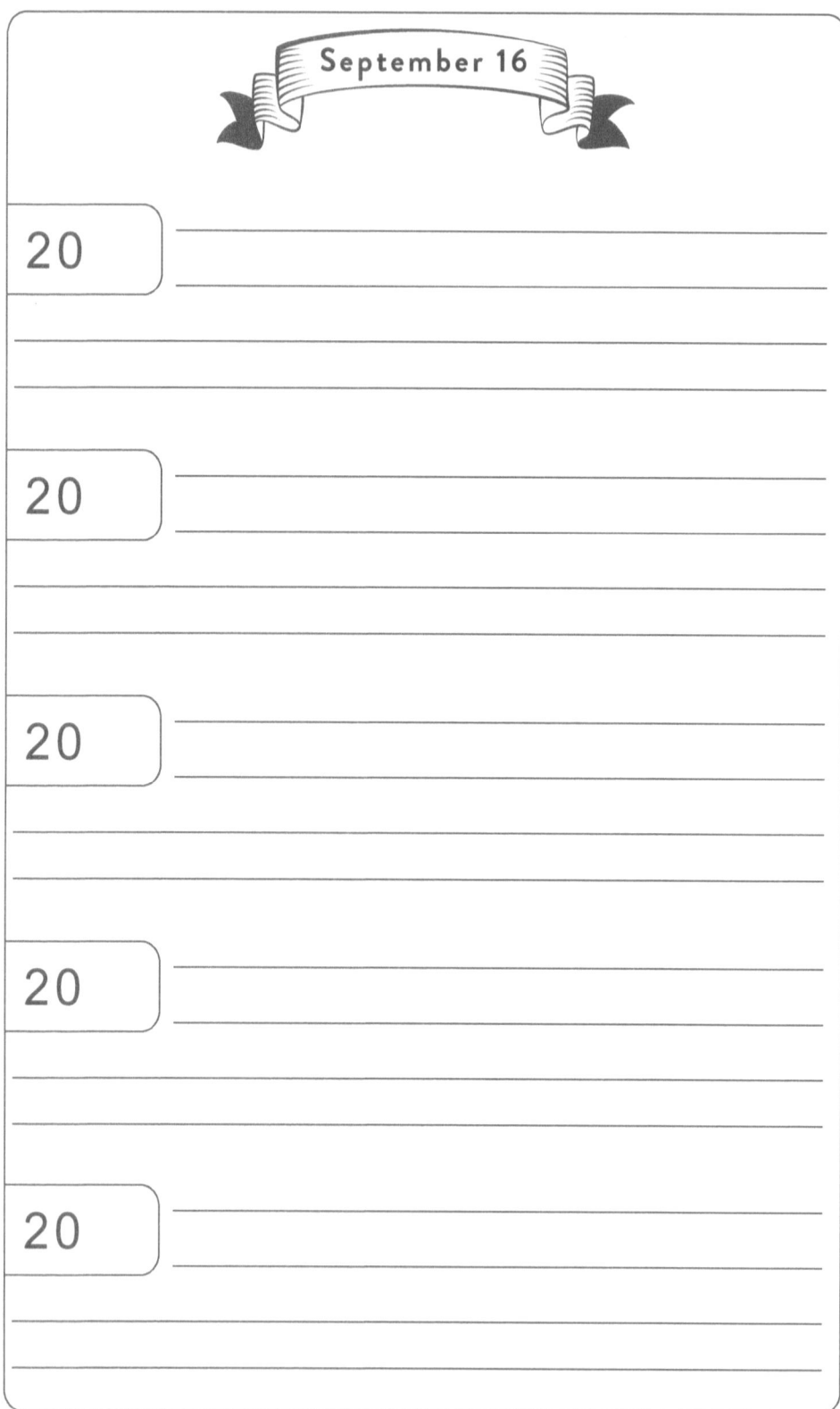

September 16

20

20

20

20

20

September 17

20

20

20

20

20

September 18

20

20

20

20

20

20 _____

_____

_____

_____

20 _____

_____

_____

_____

20 _____

_____

_____

_____

20 _____

_____

_____

_____

20 _____

_____

_____

_____

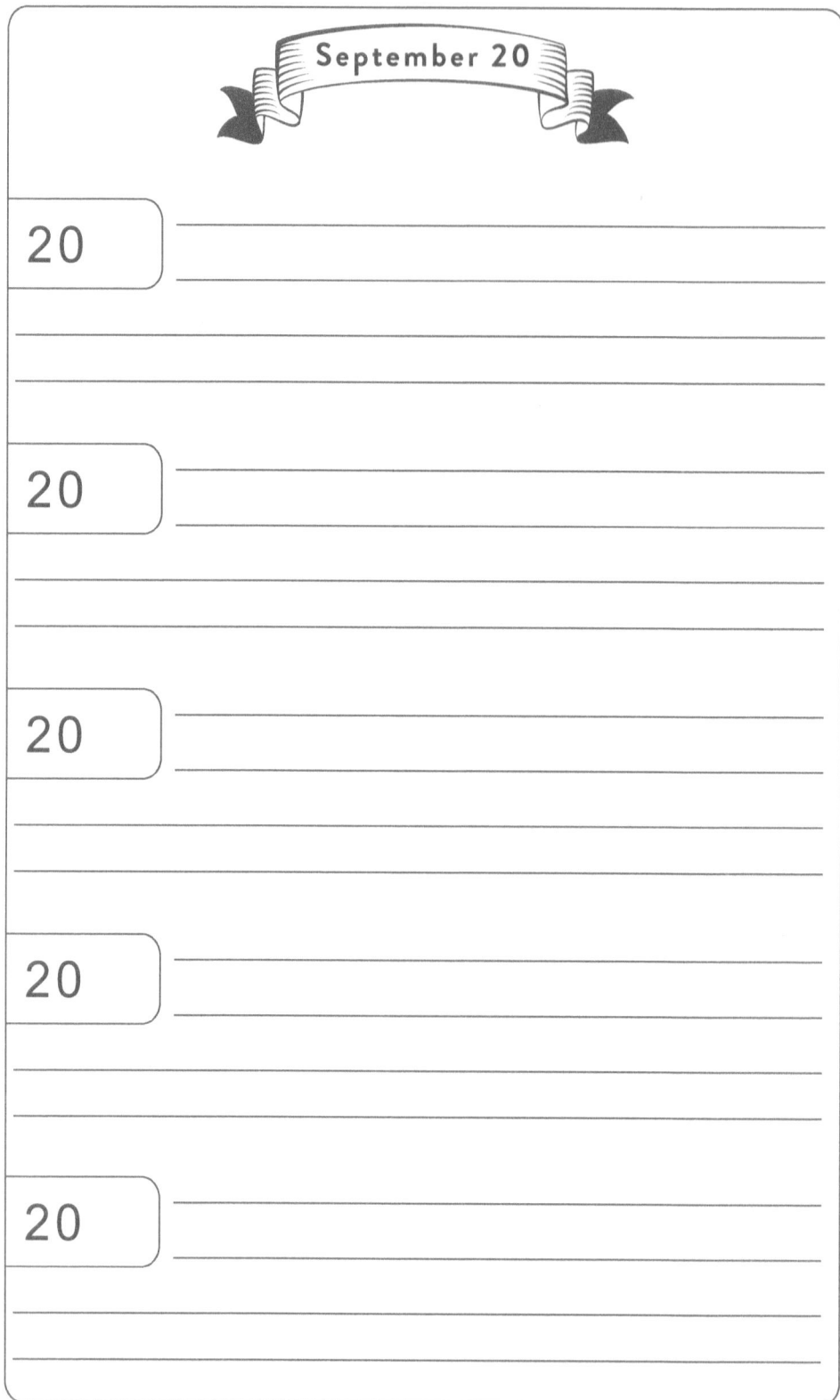

September 20

20

20

20

20

20

September 21

20

20

20

20

20

September 22

20

20

20

20

20

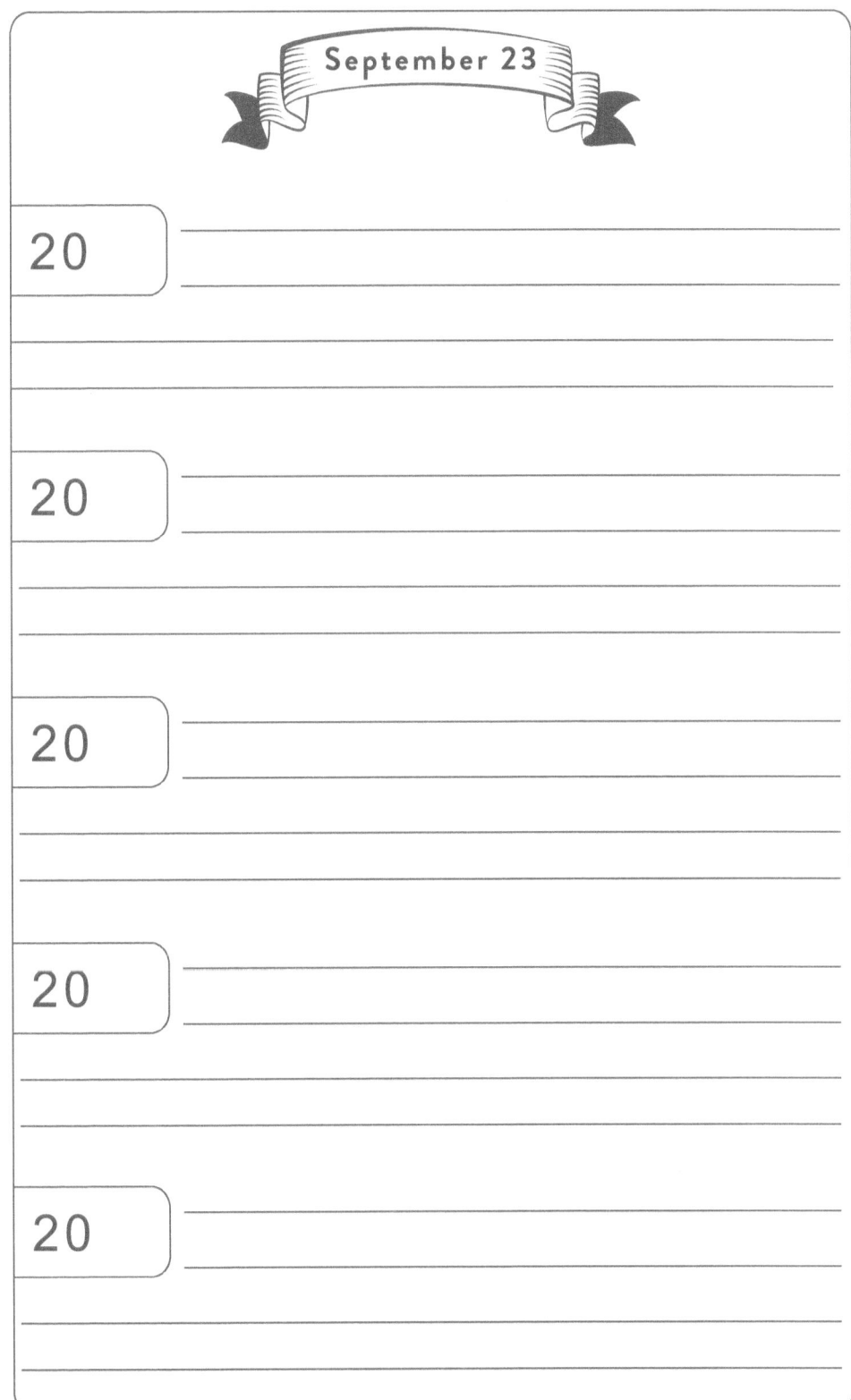

September 23

20

20

20

20

20

September 24

20 _____

20 _____

20 _____

20 _____

20 _____

September 25

20 _____
_____
_____

20 _____
_____
_____

20 _____
_____
_____

20 _____
_____
_____

20 _____
_____
_____

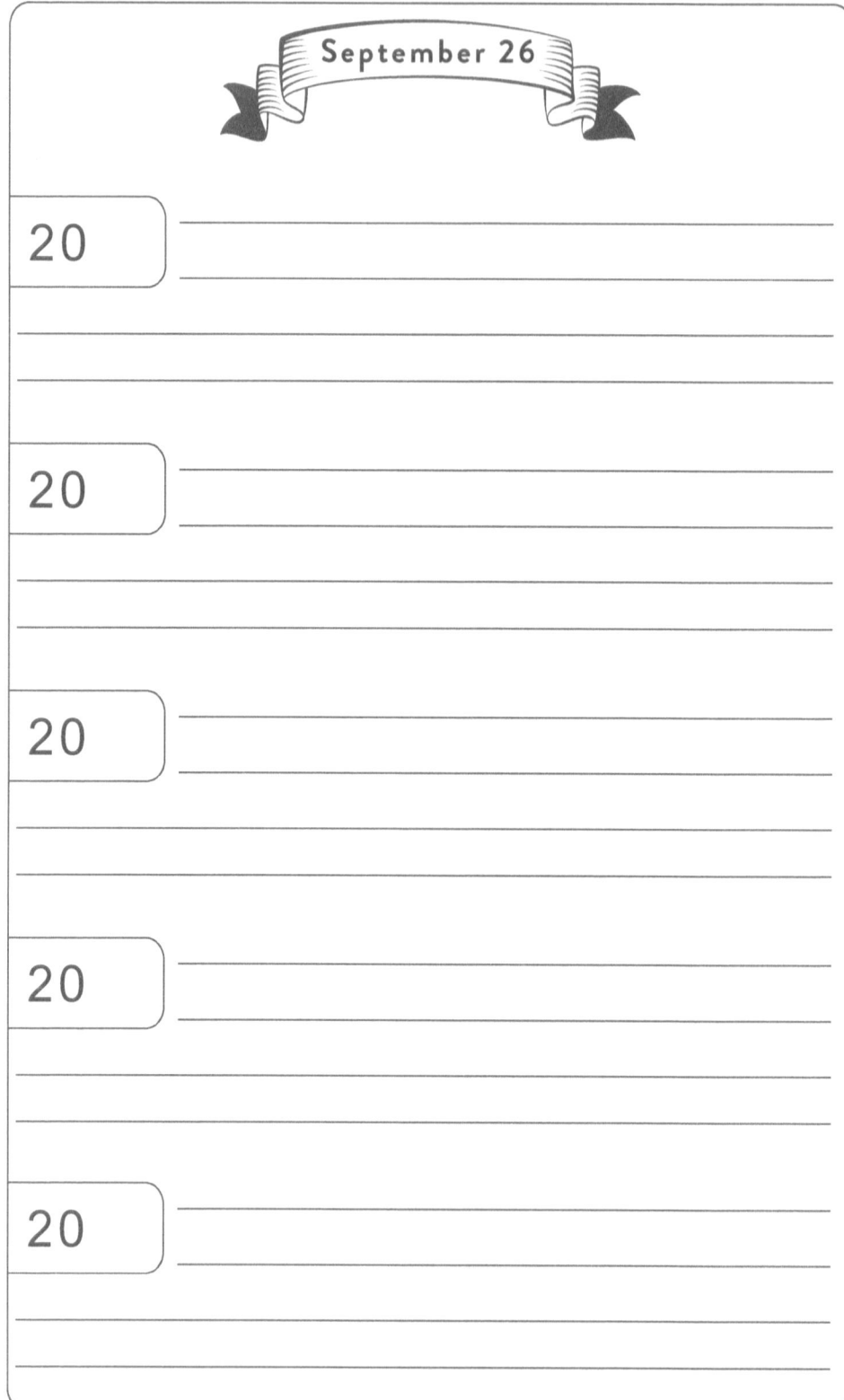

September 26

20

20

20

20

20

September 27

20

20

20

20

20

September 28

20 _____

20 _____

20 _____

20 _____

20 _____

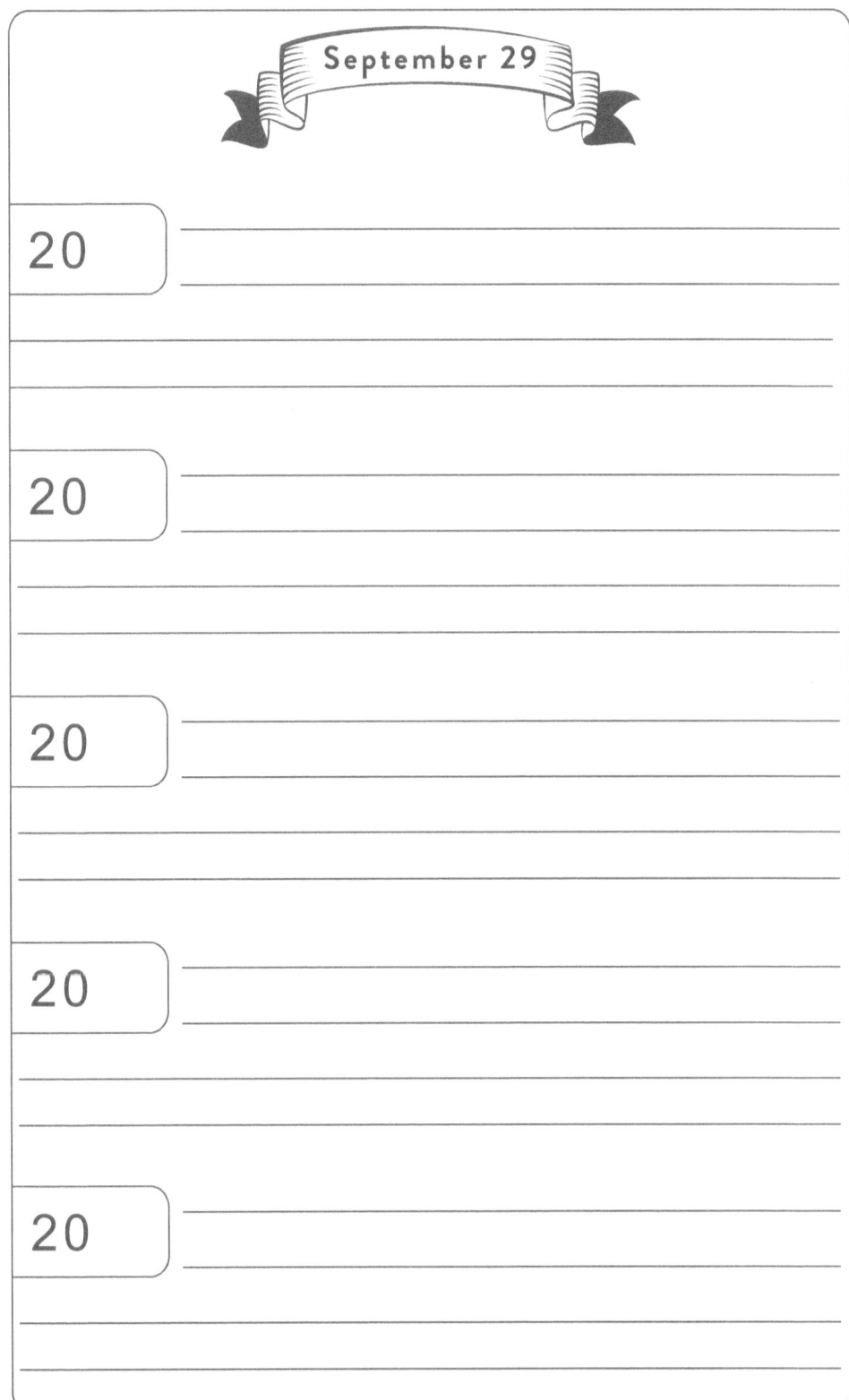

September 29

20

20

20

20

20

September 30

20

20

20

20

20

Notes: _____

October 1

20

20

20

20

20

October 2

20

20

20

20

20

October 3

20

20

20

20

20

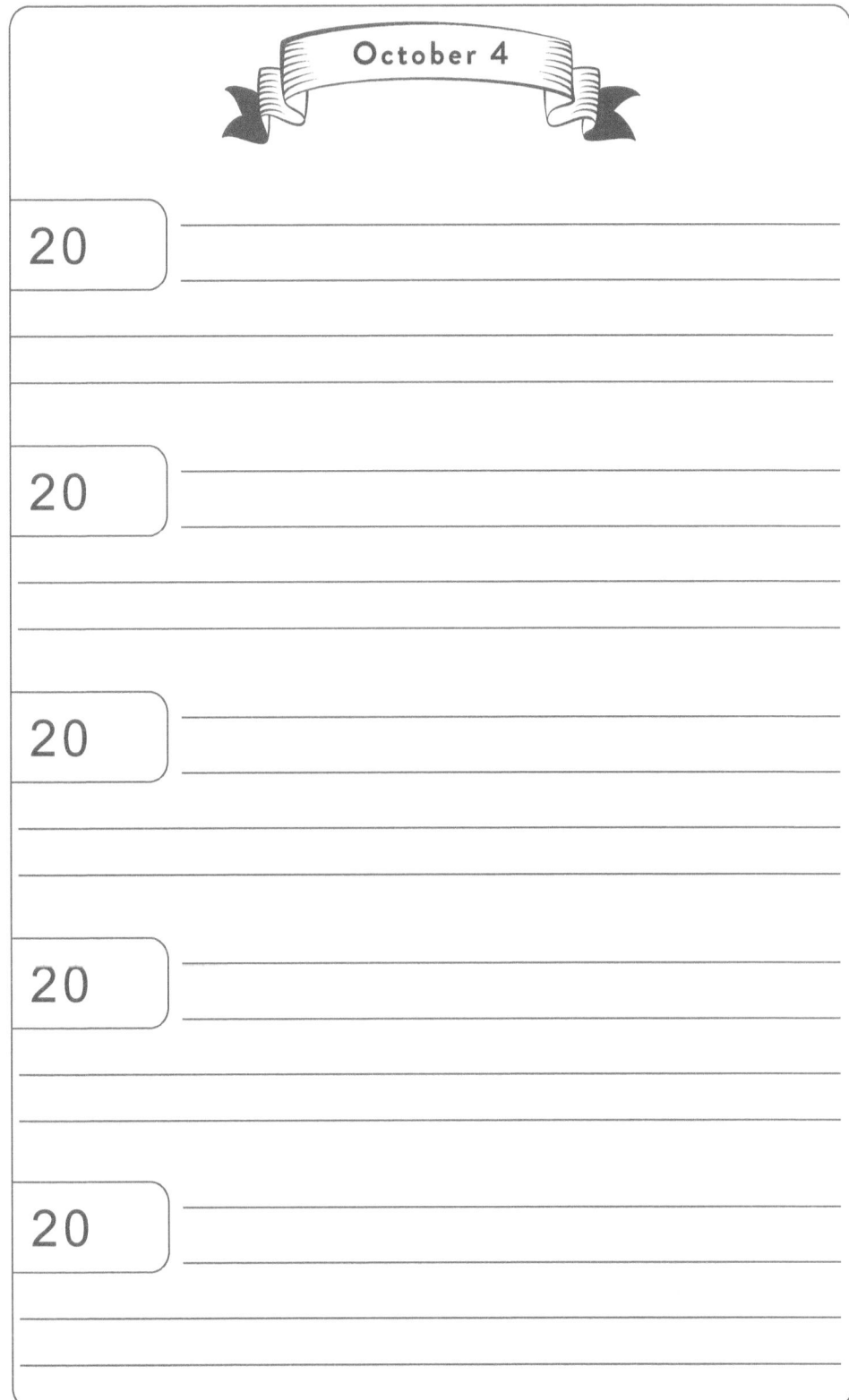

October 4

20

20

20

20

20

October 5

20 _____

20 _____

20 _____

20 _____

20 _____

October 6

20 _____

20 _____

20 _____

20 _____

20 _____

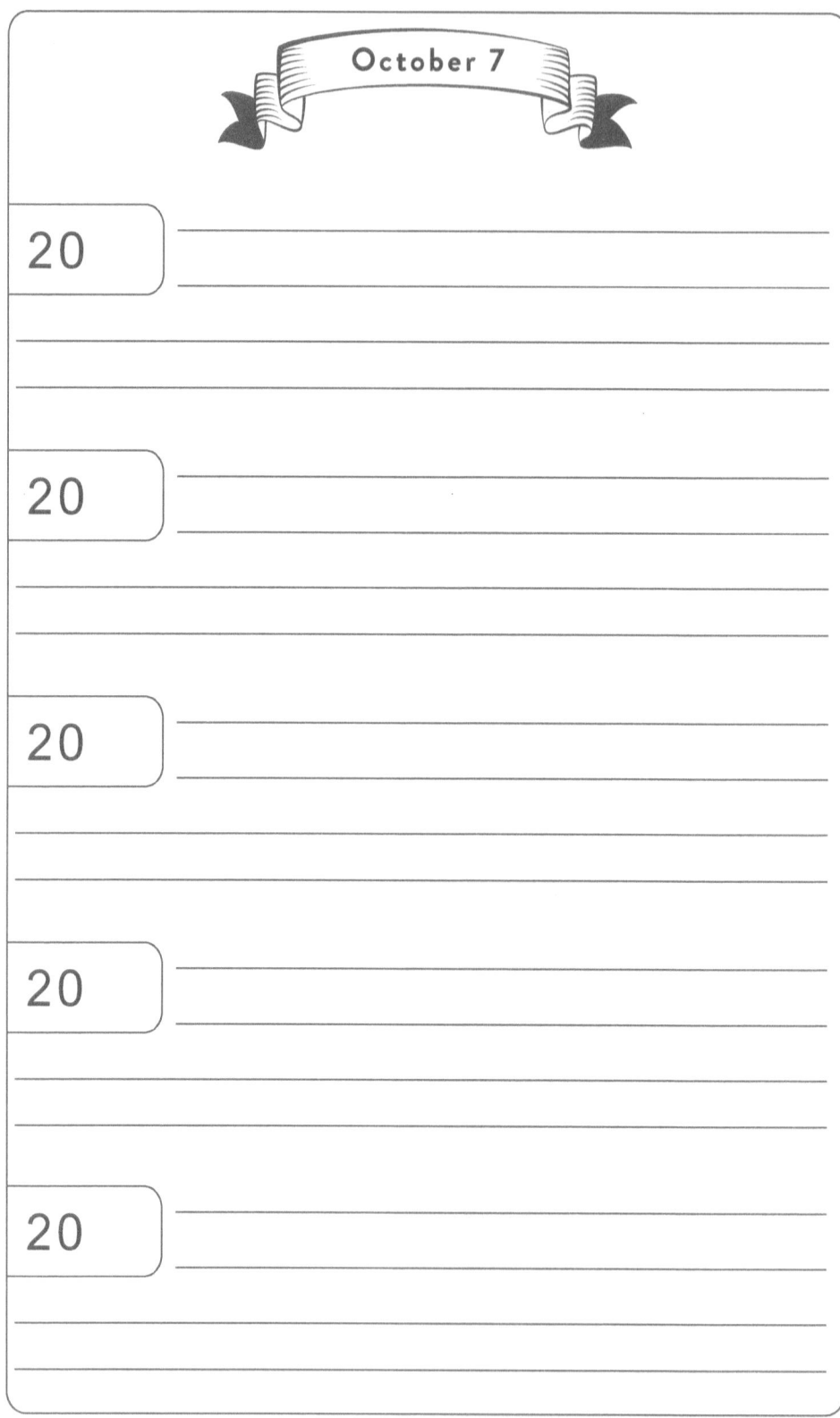

October 7

20

20

20

20

20

October 8

20

20

20

20

20

October 9

20

20

20

20

20

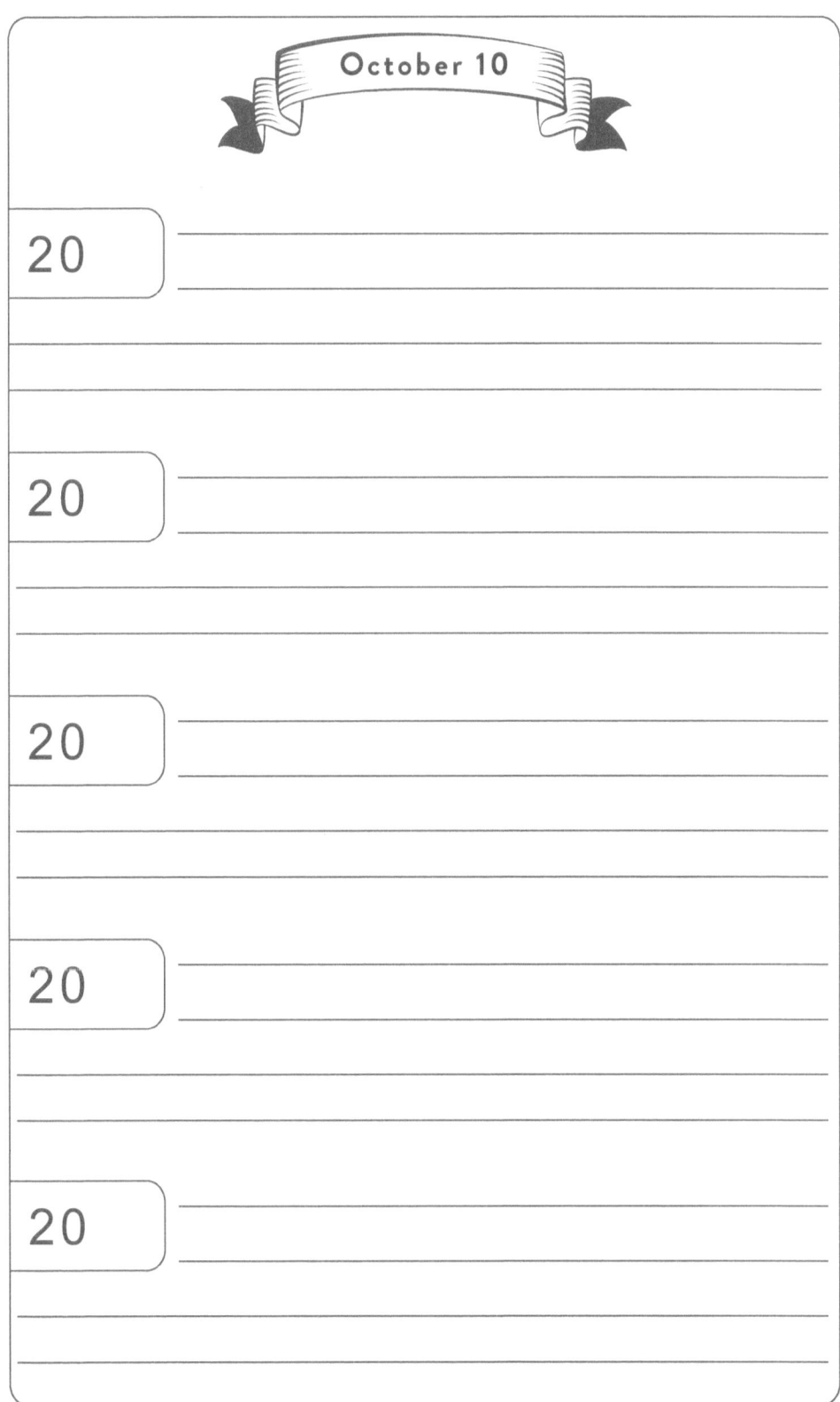

October 10

20

20

20

20

20

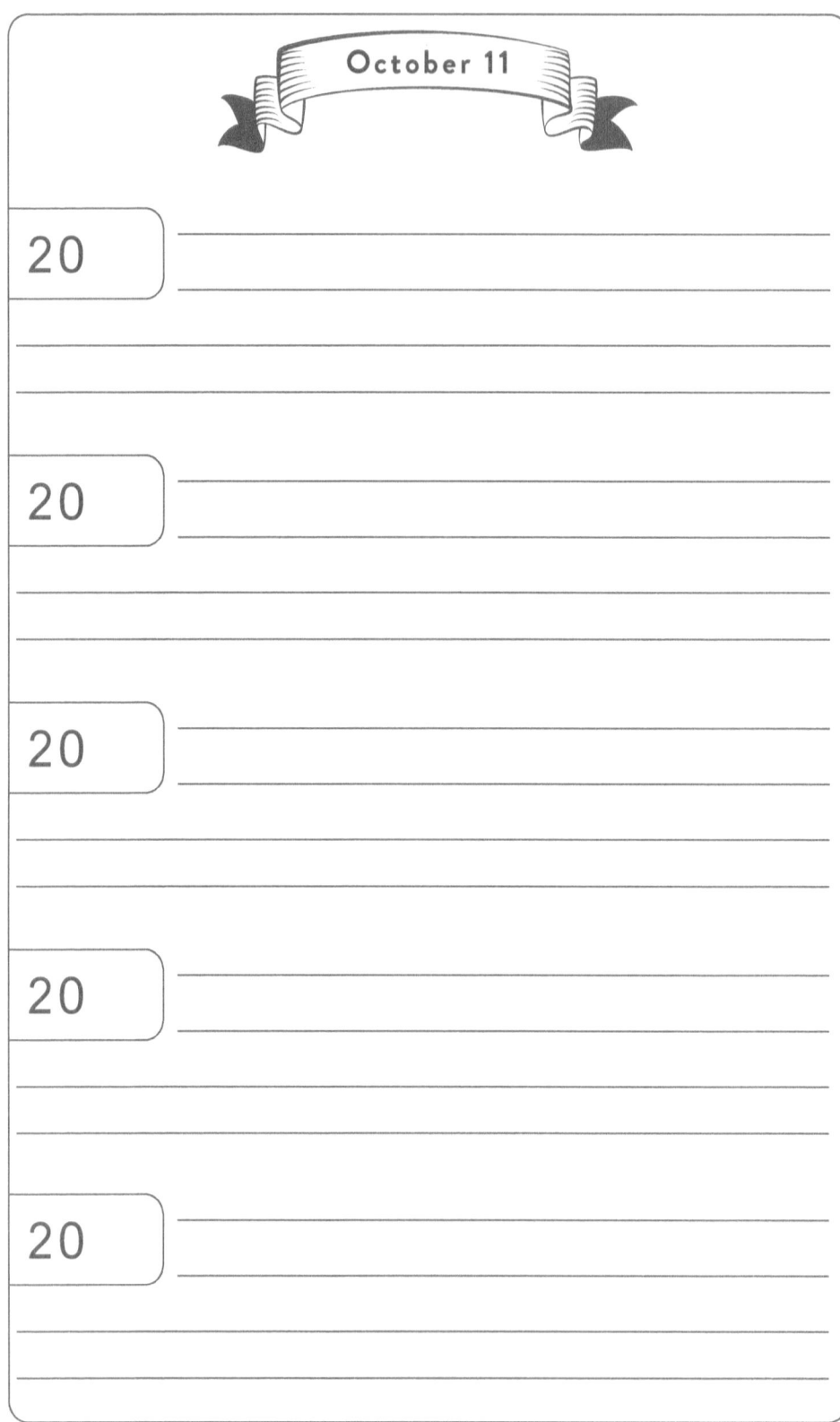

October 11

20

20

20

20

20

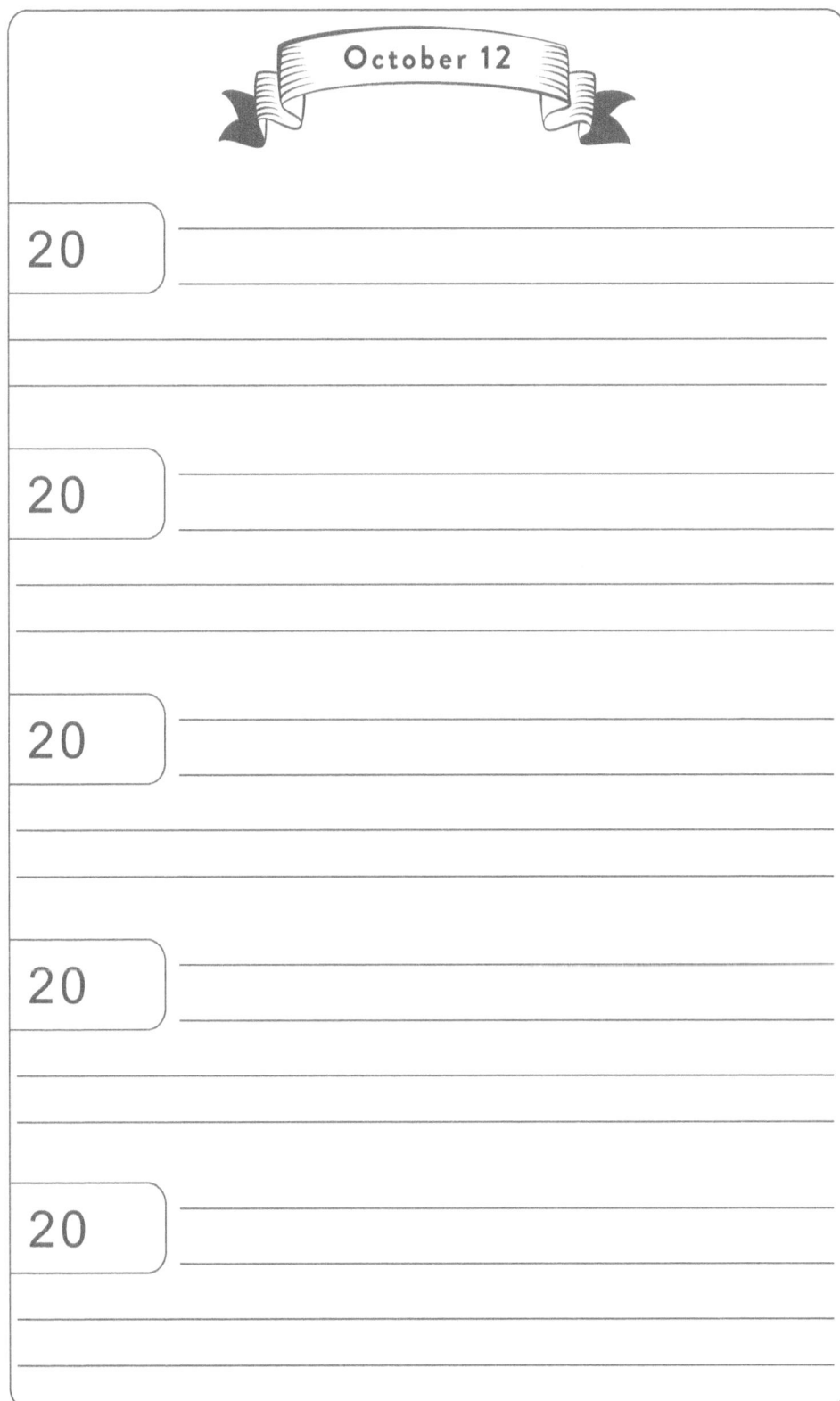

October 12

20

20

20

20

20

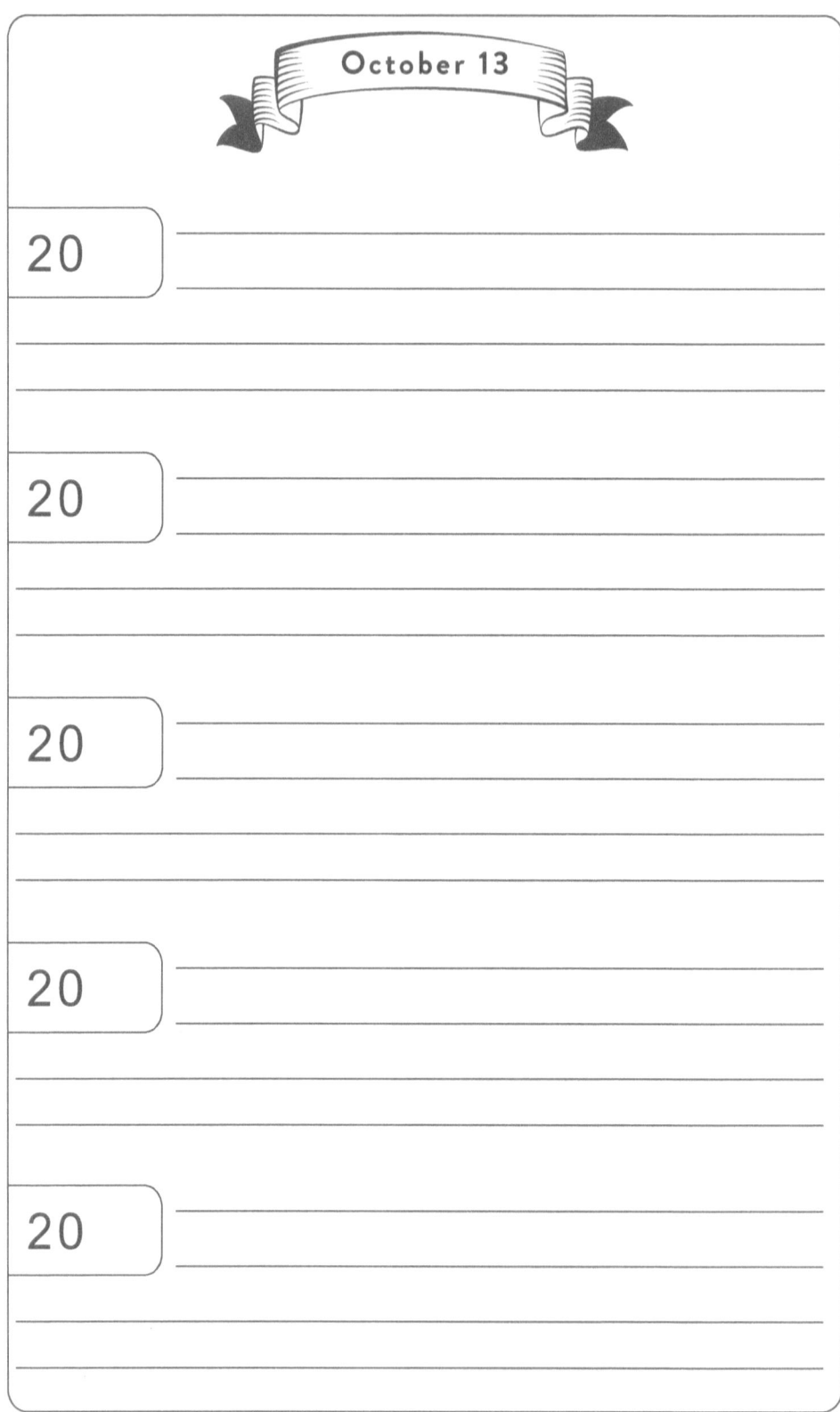

October 13

20

20

20

20

20

October 14

20

20

20

20

20

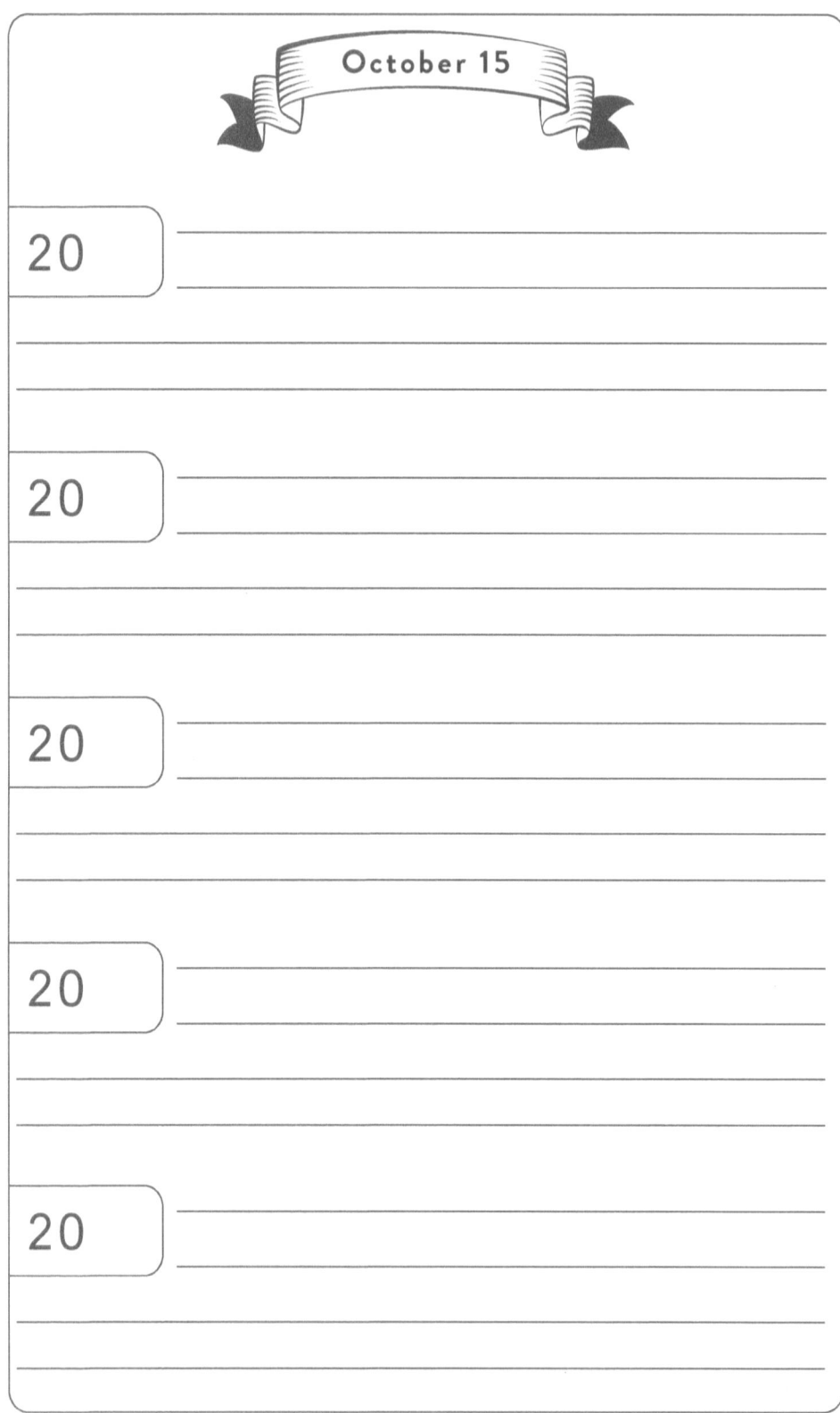

October 15

20

20

20

20

20

October 16

20 _____

20 _____

20 _____

20 _____

20 _____

October 17

20 _____

20 _____

20 _____

20 _____

20 _____

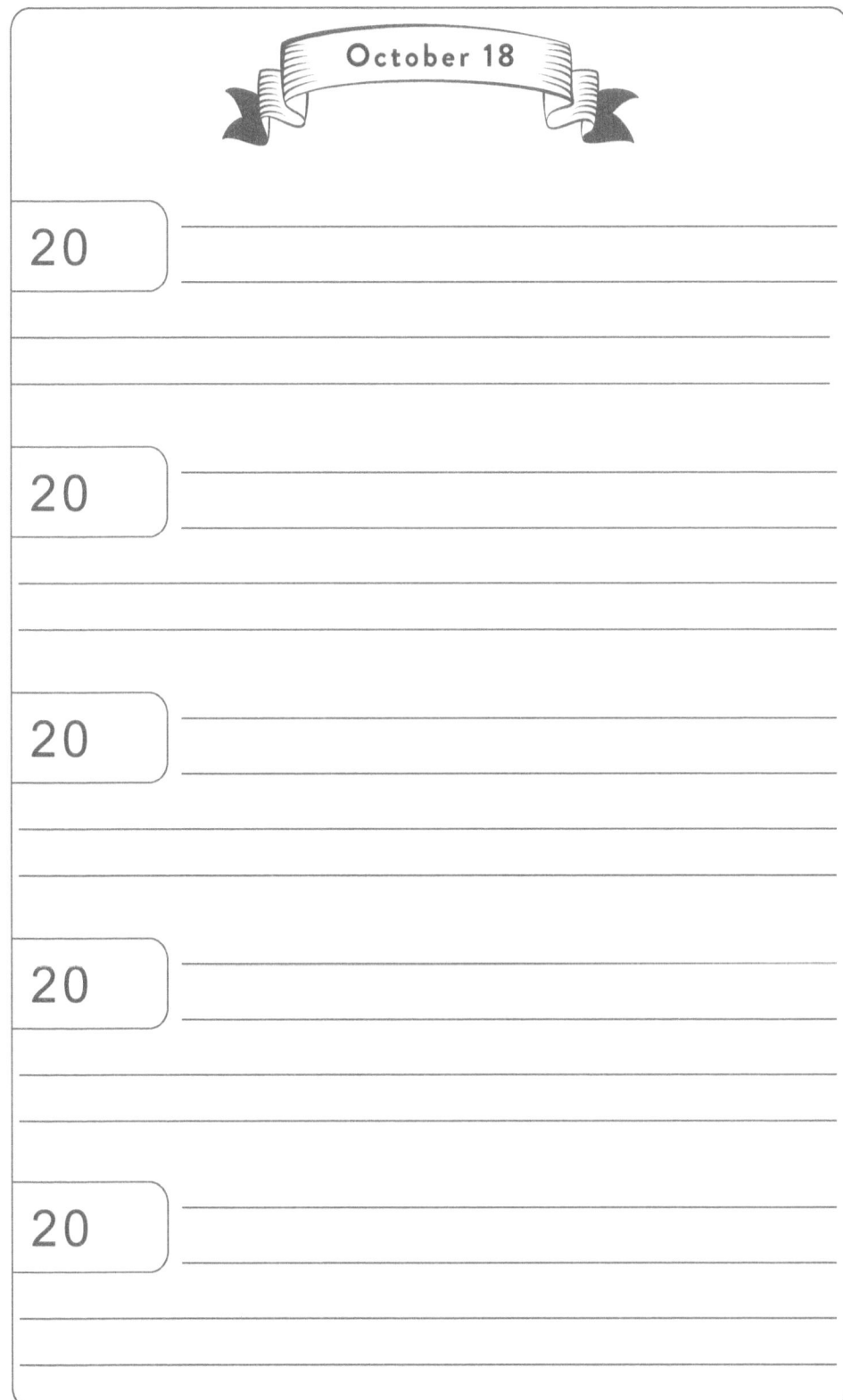

October 18

20

20

20

20

20

October 19

20 _____

20 _____

20 _____

20 _____

20 _____

October 20

20

20

20

20

20

October 21

20

_____

_____

_____

_____

20

_____

_____

_____

_____

20

_____

_____

_____

_____

20

_____

_____

_____

_____

20

_____

_____

_____

_____

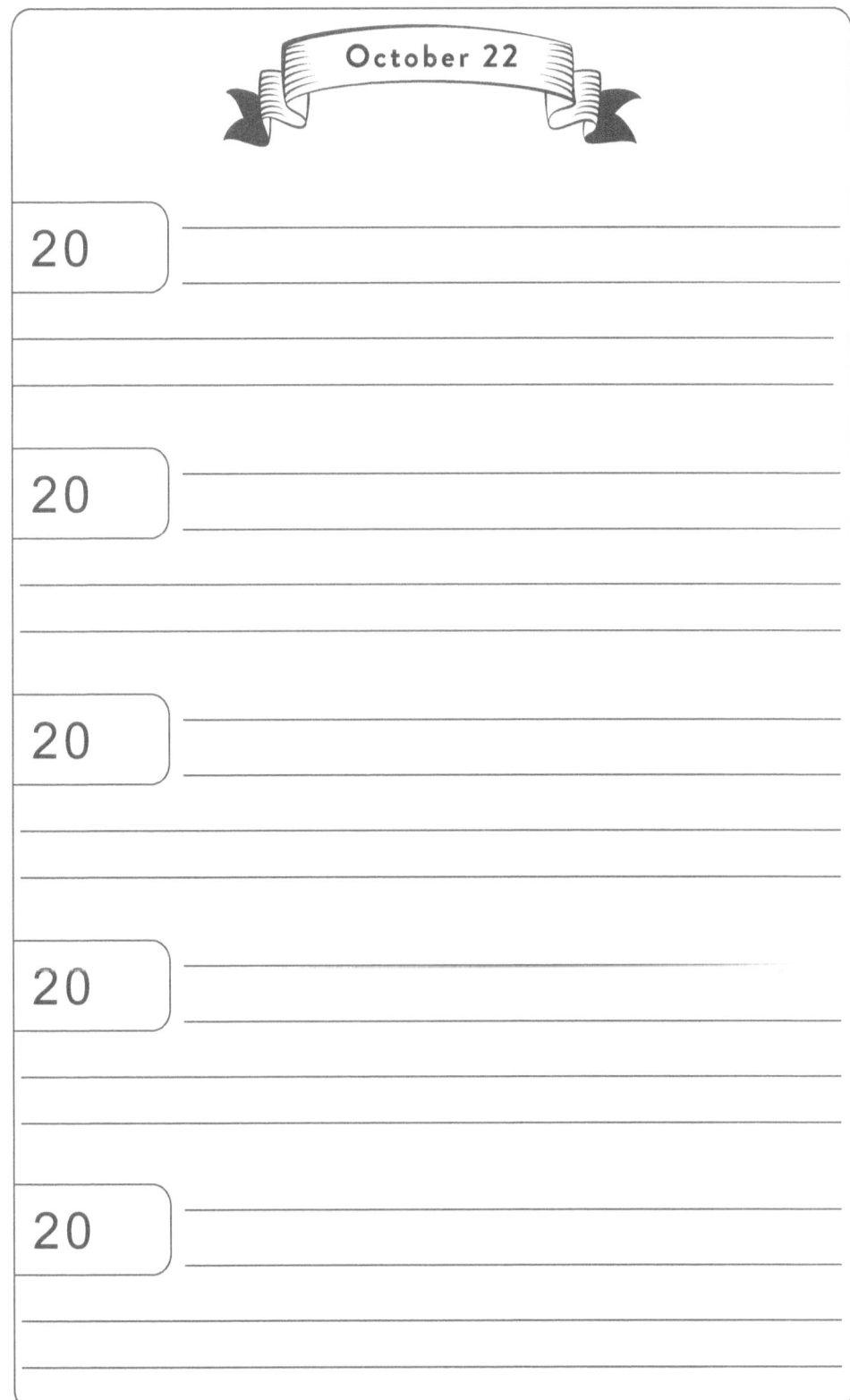

October 22

20

20

20

20

20

October 23

20 _____

20 _____

20 _____

20 _____

20 _____

October 24

20 _____
_____
_____
_____

20 _____
_____
_____
_____

20 _____
_____
_____
_____

20 _____
_____
_____
_____

20 _____
_____
_____
_____

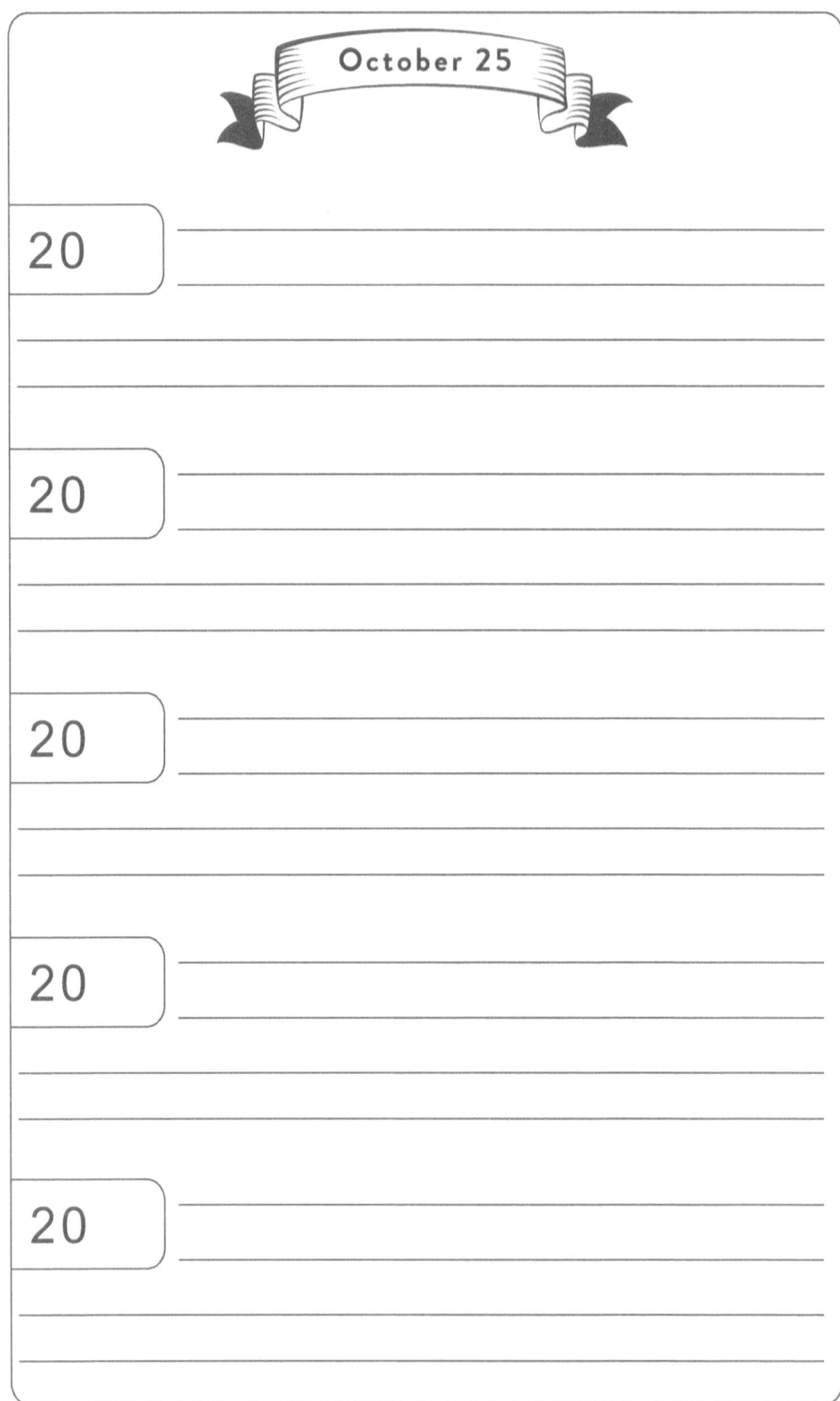

October 25

20

20

20

20

20

October 26

20 _____

20 _____

20 _____

20 _____

20 _____

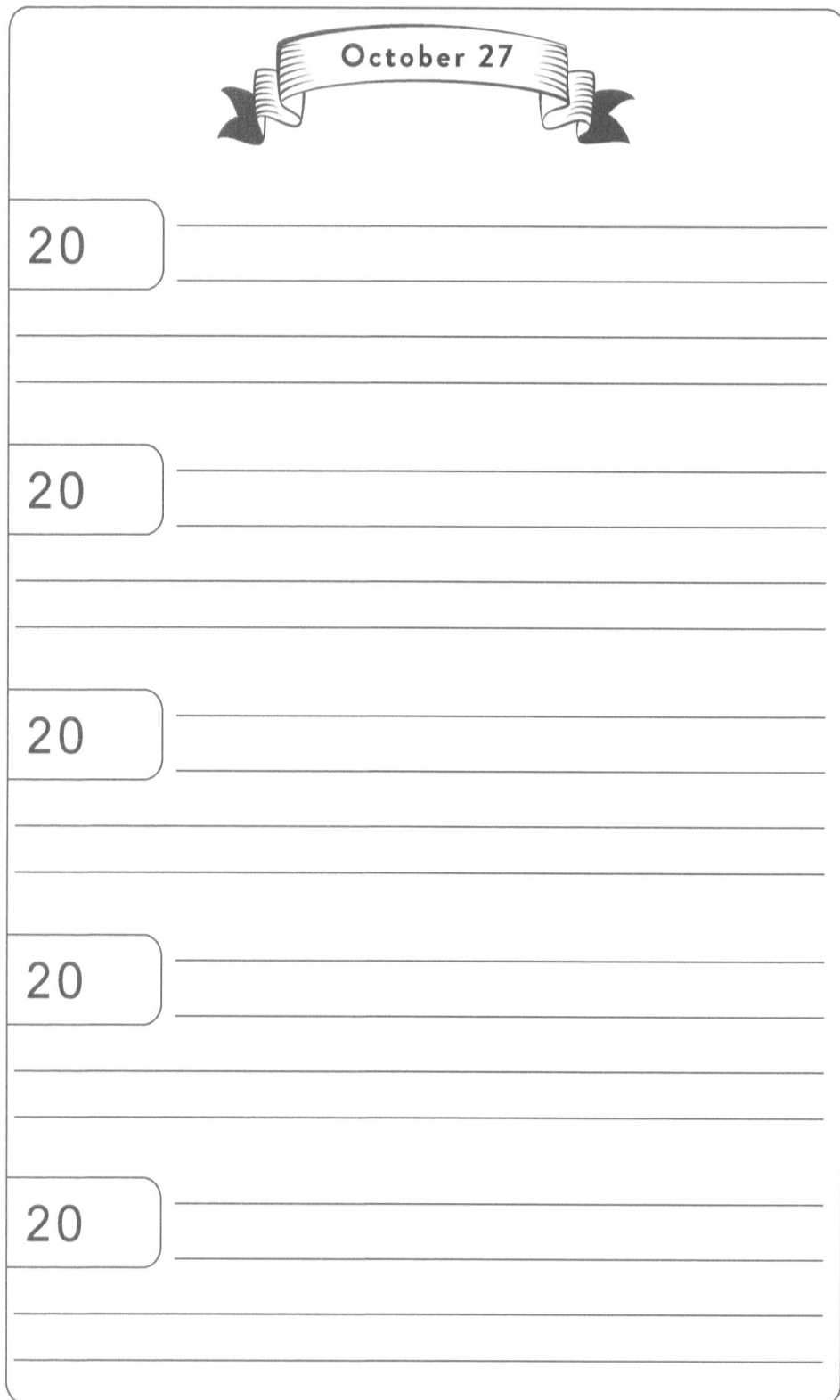

October 27

20

20

20

20

20

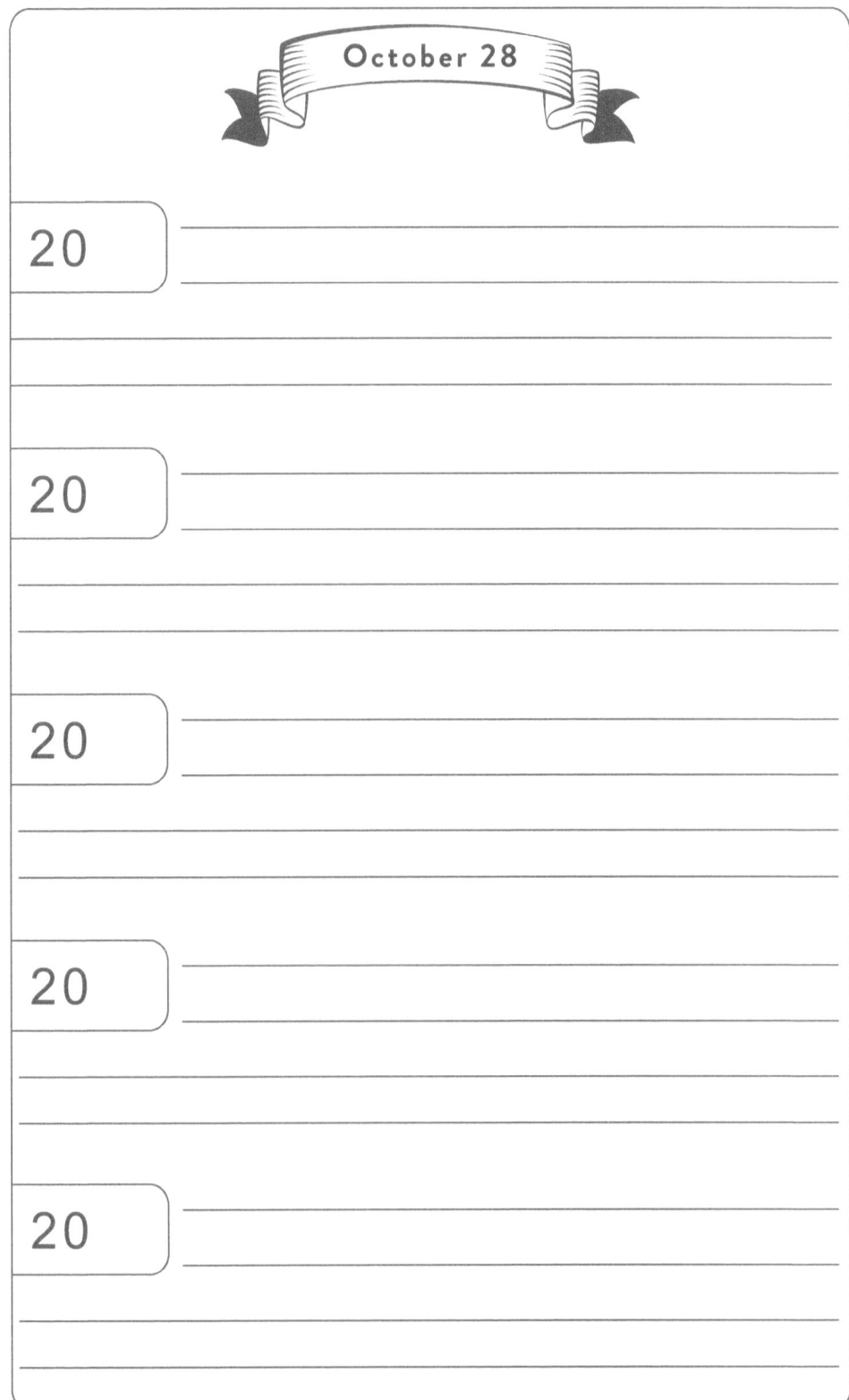

October 28

20

20

20

20

20

October 29

20 _____
_____
_____
_____

20 _____
_____
_____
_____

20 _____
_____
_____
_____

20 _____
_____
_____
_____

20 _____
_____
_____
_____

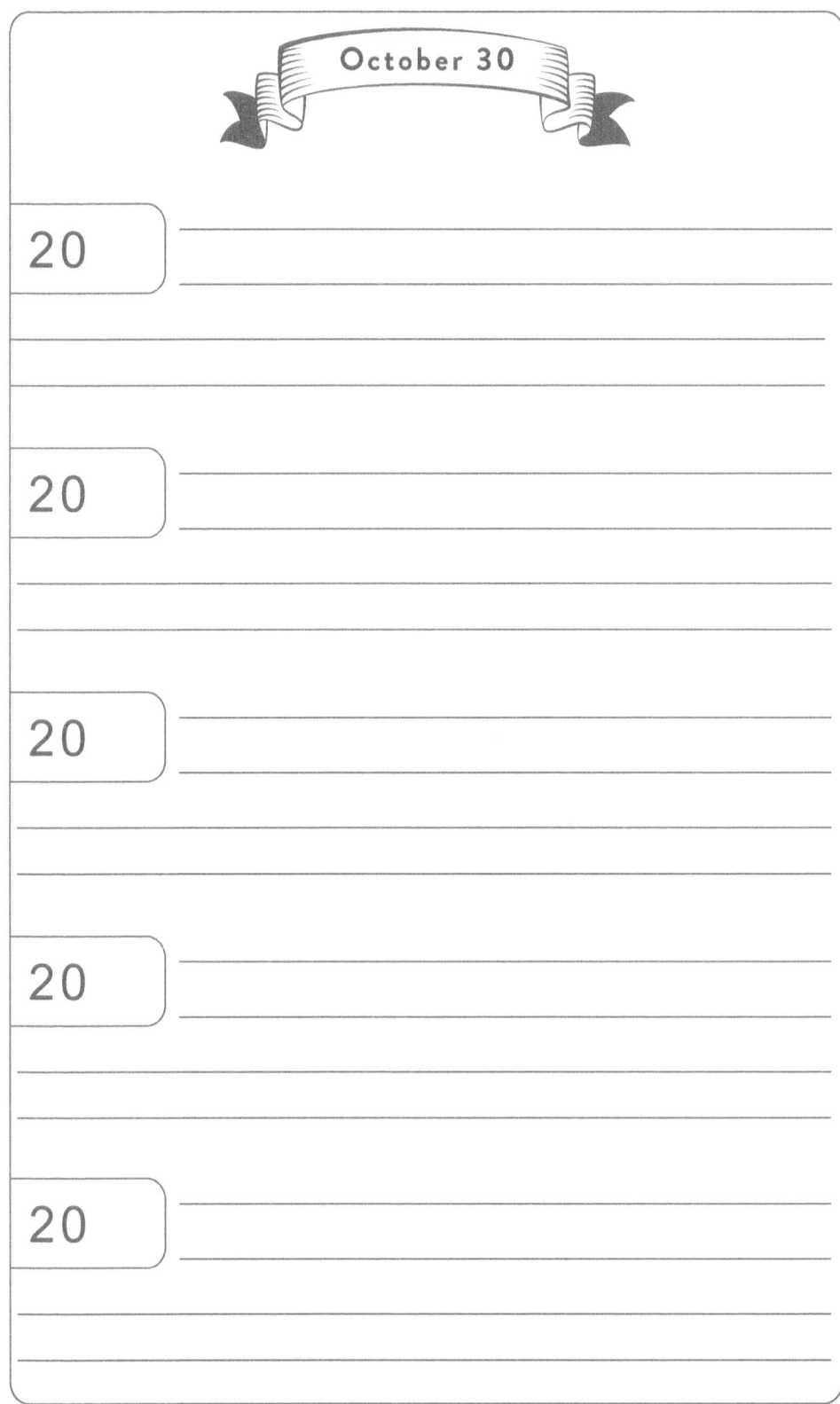

October 30

20

20

20

20

20

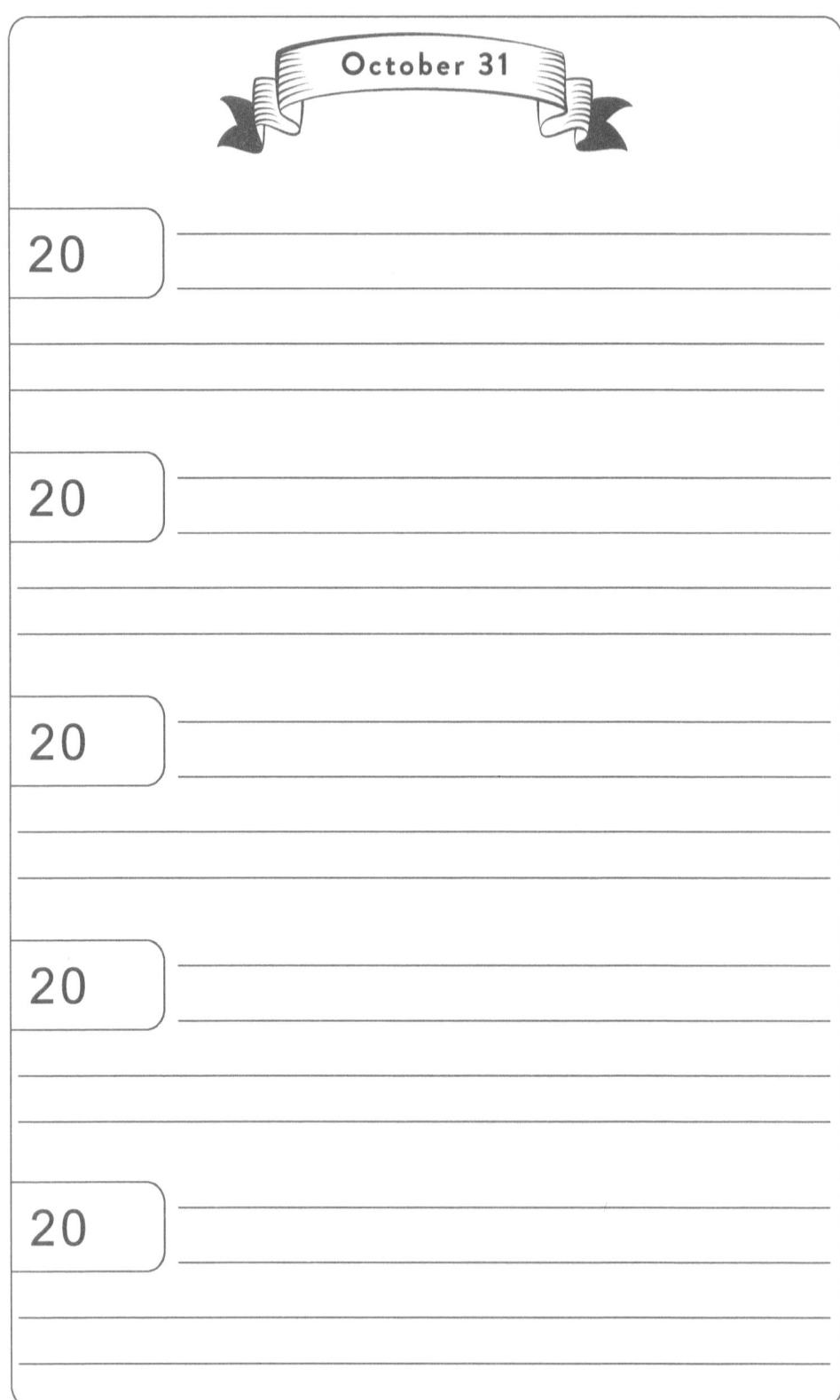

October 31

20

20

20

20

20

Notes: _____

November 1

20 _____

20 _____

20 _____

20 _____

20 _____

November 2

20

20

20

20

20

November 3

20

20

20

20

20

20

20

20

20

20

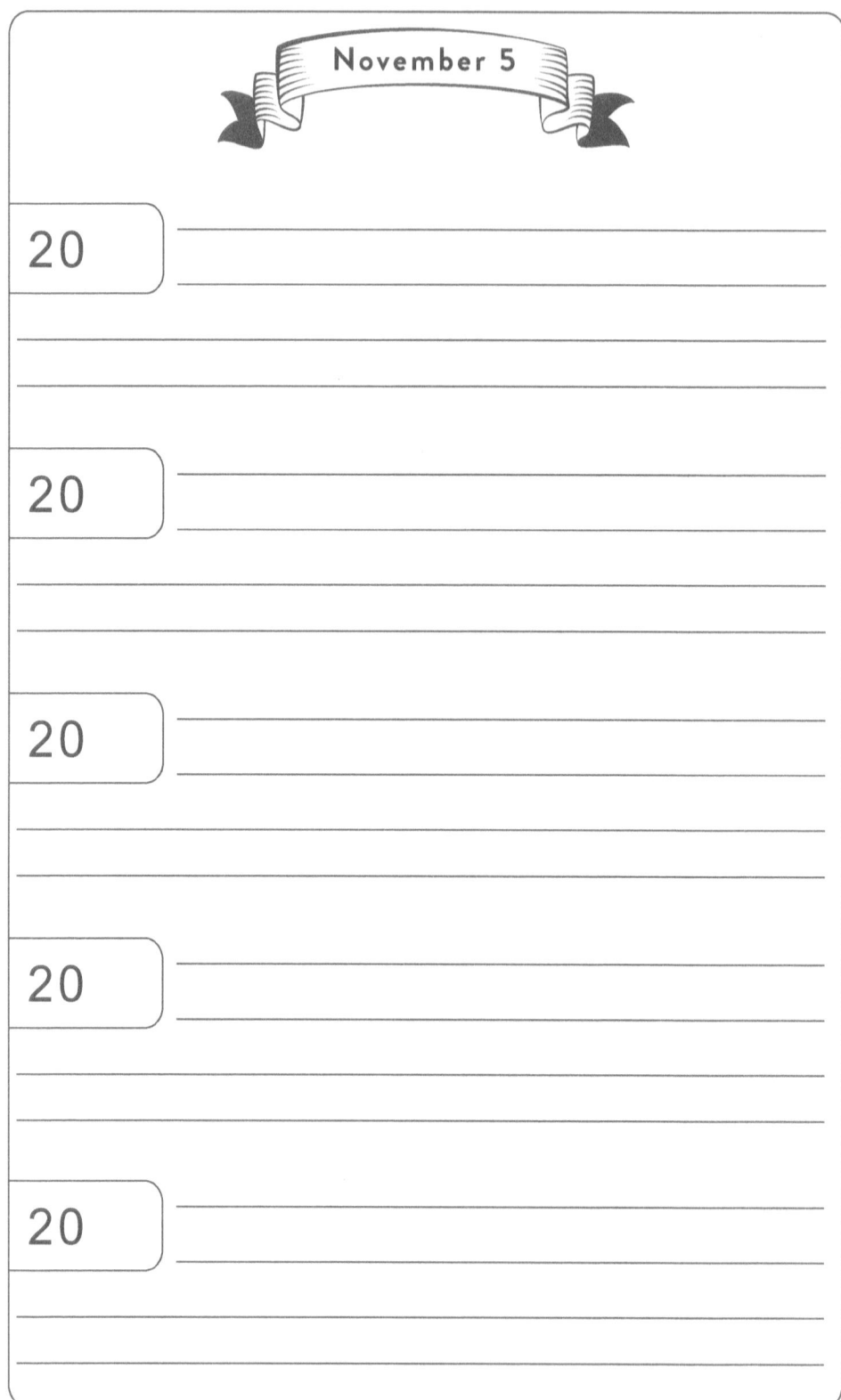

November 5

20

20

20

20

20

November 6

20

20

20

20

20

November 7

20

20

20

20

20

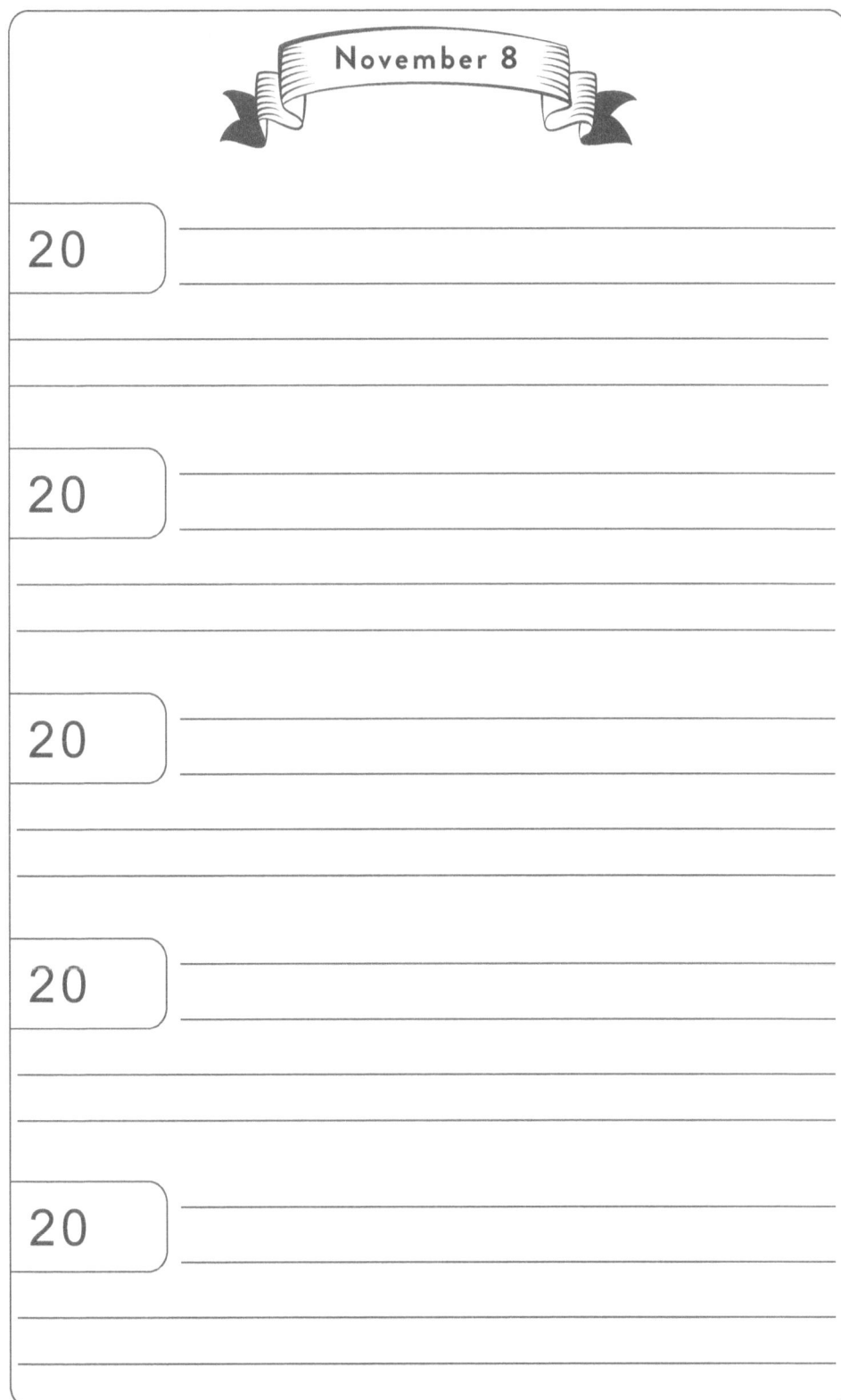

November 8

20

20

20

20

20

November 9

20
_____
_____
_____
_____

20
_____
_____
_____
_____

20
_____
_____
_____
_____

20
_____
_____
_____
_____

20
_____
_____
_____
_____

20 _____

20 _____

20 _____

20 _____

20 _____

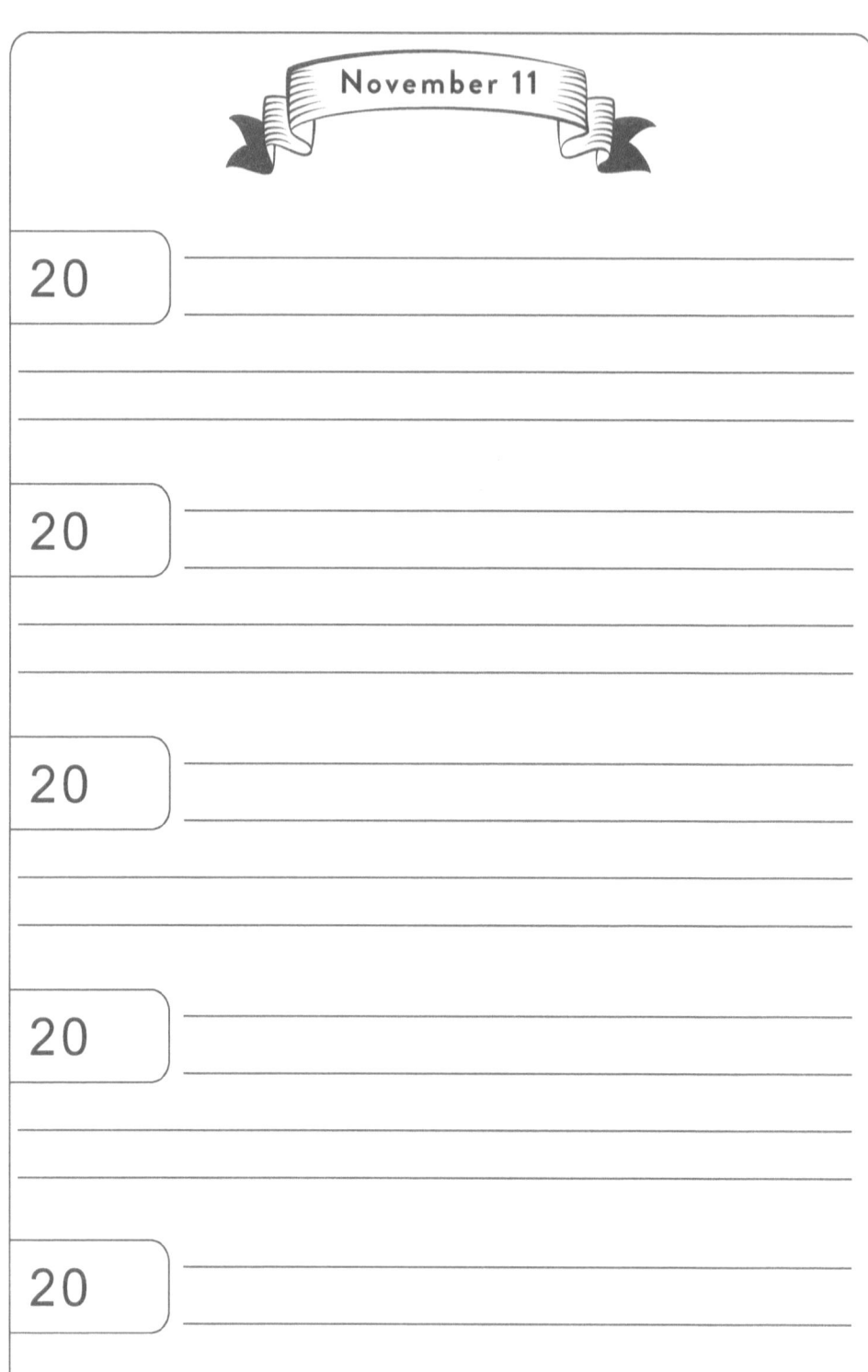

November 11

20

20

20

20

20

November 12

20

20

20

20

20

November 13

20

20

20

20

20

November 14

20

20

20

20

20

November 15

20

20

20

20

20

November 16

20

20

20

20

20

20 _____

20 _____

20 _____

20 _____

20 _____

November 18

20

20

20

20

20

November 19

20 _____

20 _____

20 _____

20 _____

20 _____

November 20

20

20

20

20

20

November 21

20 _____

20 _____

20 _____

20 _____

20 _____

November 22

20

20

20

20

20

20 _____
_____
_____
_____

20 _____
_____
_____
_____

20 _____
_____
_____
_____

20 _____
_____
_____
_____

20 _____
_____
_____
_____

November 24

20

20

20

20

20

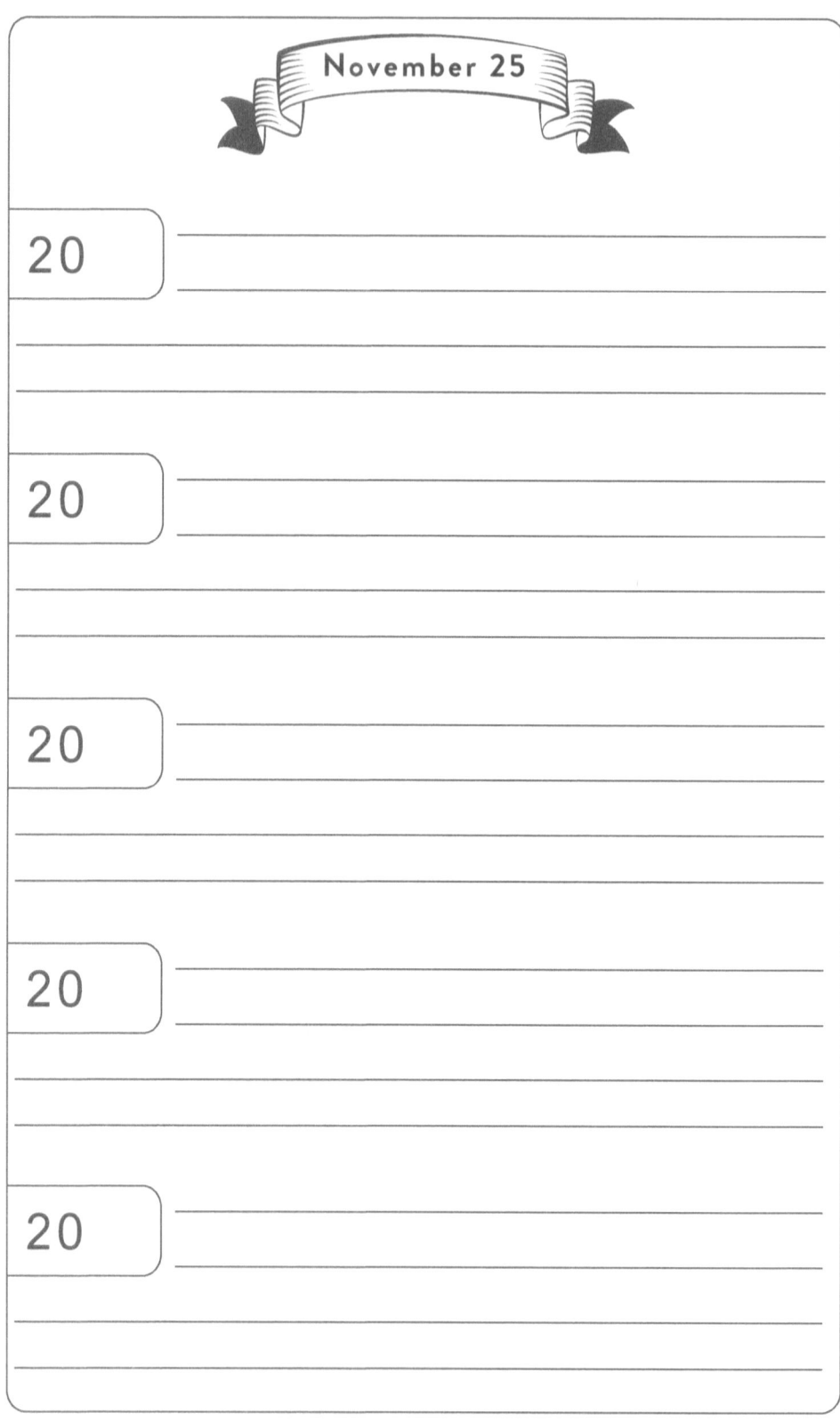

November 25

20

20

20

20

20

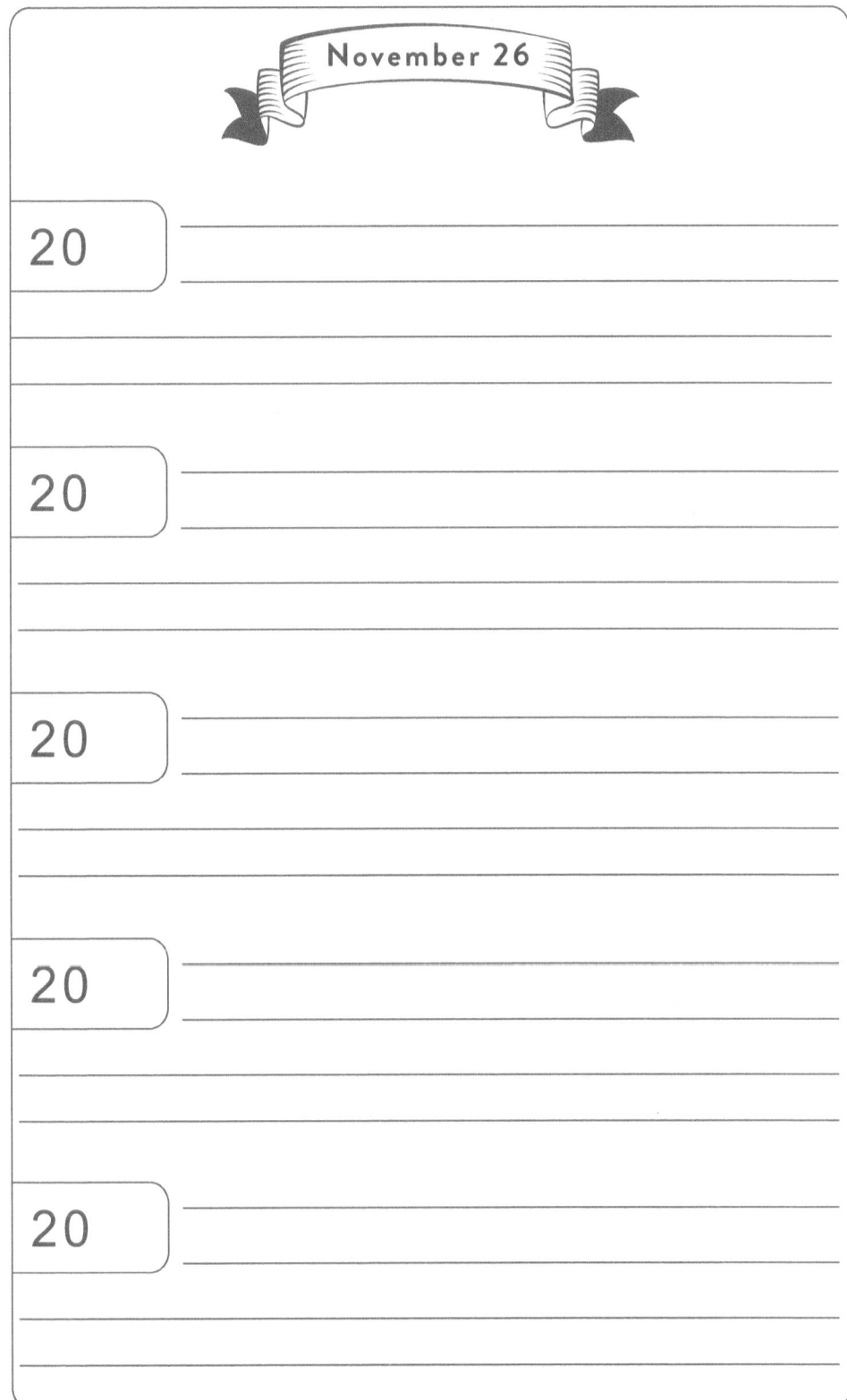

November 26

20

20

20

20

20

November 27

20

20

20

20

20

November 28

20

20

20

20

20

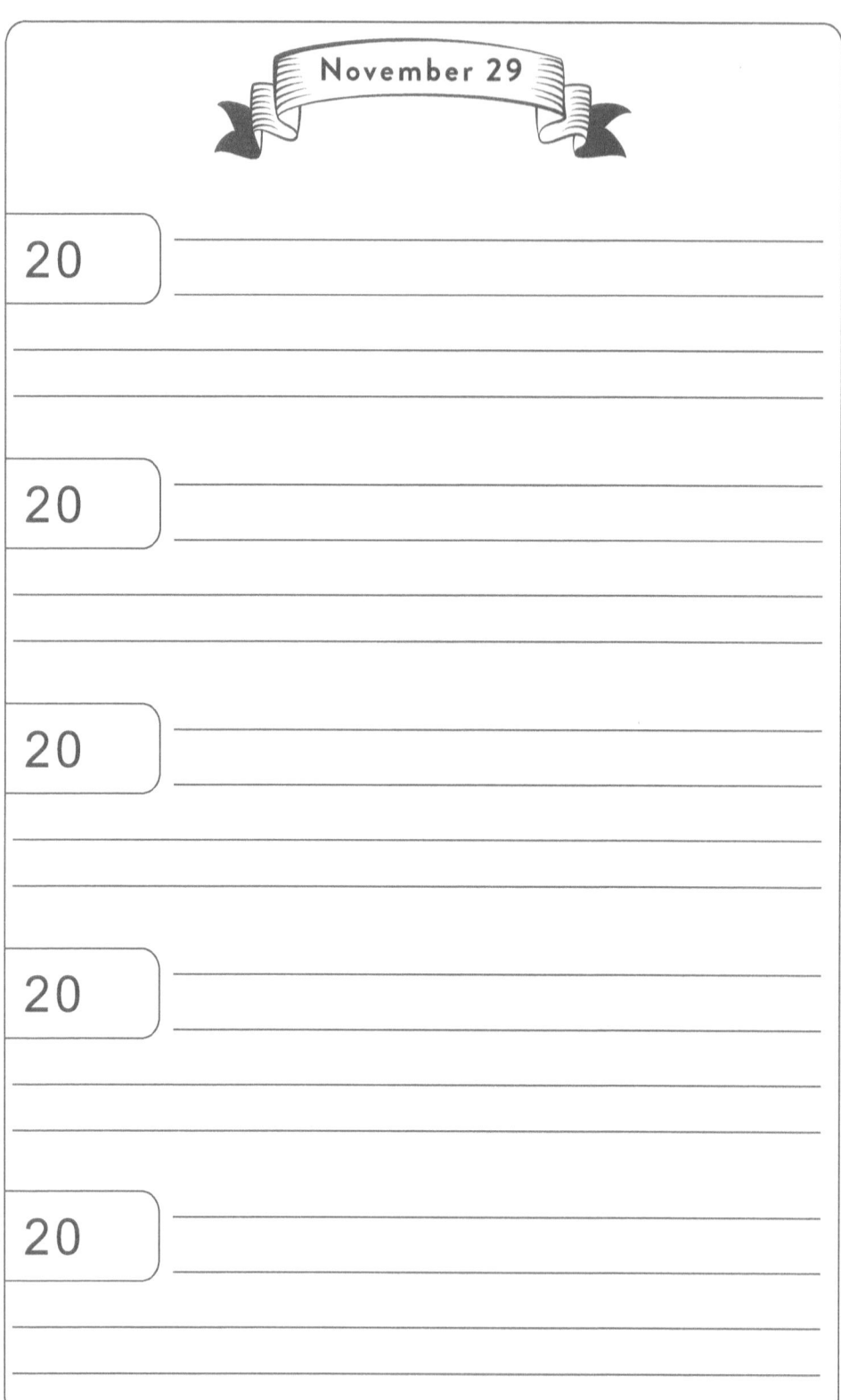

November 29

20

20

20

20

20

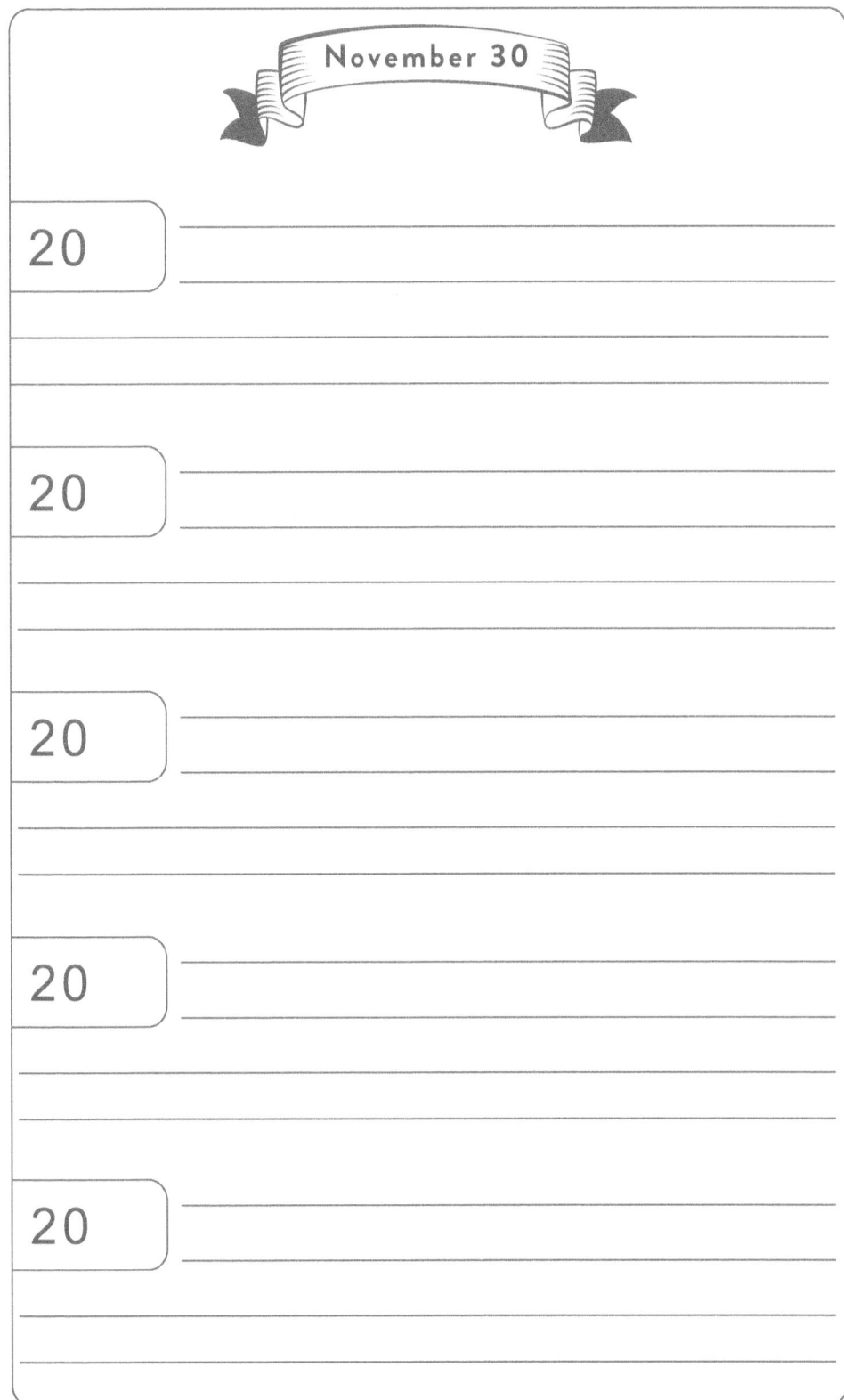

November 30

20

20

20

20

20

Notes: _____

December 1

20

20

20

20

20

December 2

20

20

20

20

20

December 3

20

20

20

20

20

December 4

20

20

20

20

20

December 5

20

20

20

20

20

December 6

20

20

20

20

20

December 7

20 _____

_____

_____

20 _____

_____

_____

20 _____

_____

_____

20 _____

_____

_____

20 _____

_____

_____

December 8

20 _____
_____
_____
_____

20 _____
_____
_____
_____

20 _____
_____
_____
_____

20 _____
_____
_____
_____

20 _____
_____
_____
_____

20 _____

20 _____

20 _____

20 _____

20 _____

December 10

20

20

20

20

20

December 11

20

20

20

20

20

December 12

20

20

20

20

20

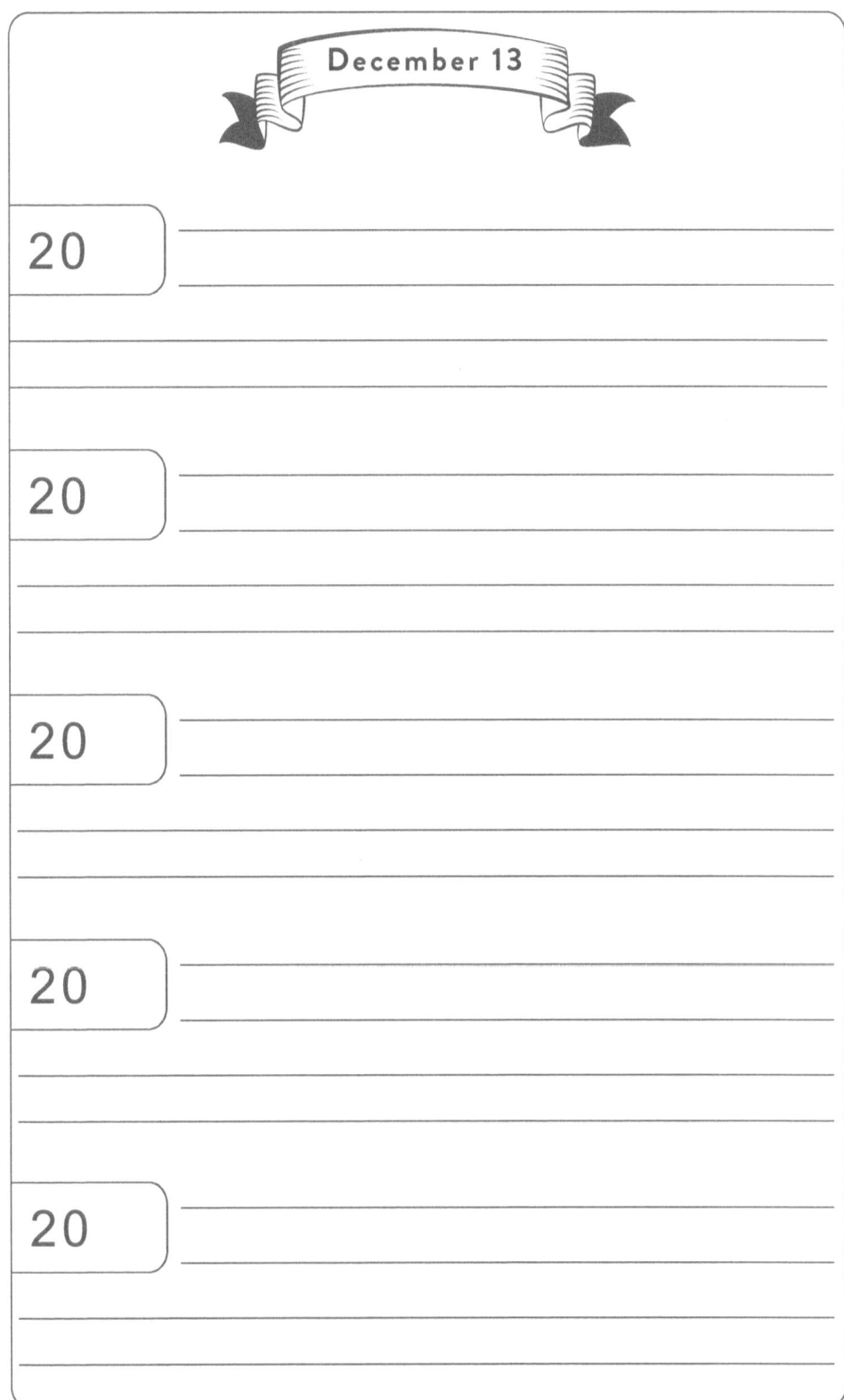

December 13

20

20

20

20

20

December 14

20

20

20

20

20

December 15

20 _____

20 _____

20 _____

20 _____

20 _____

December 16

20

20

20

20

20

December 17

20

20

20

20

20

20 _____

20 _____

20 _____

20 _____

20 _____

20

20

20

20

20

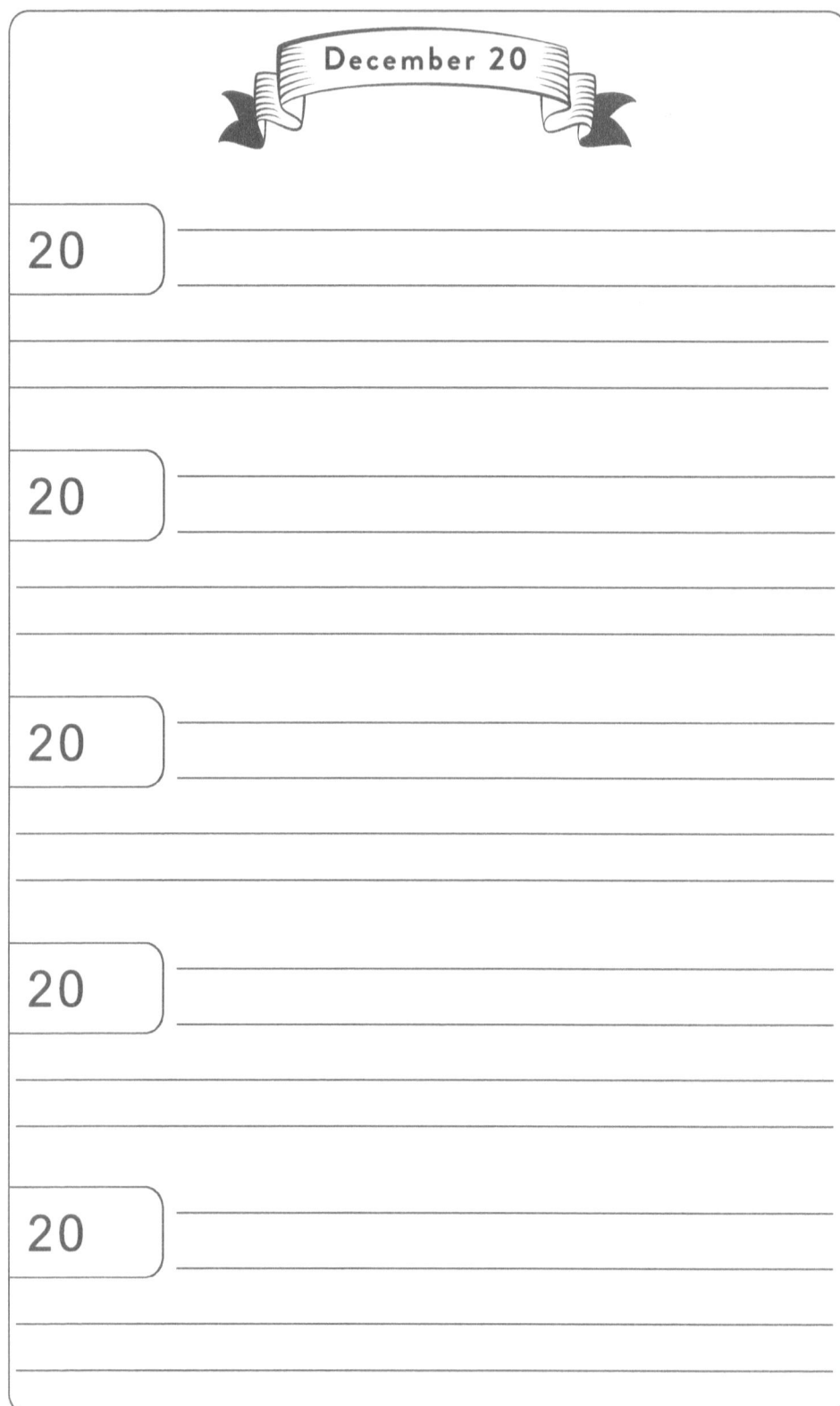

December 20

20

20

20

20

20

20 _____

20 _____

20 _____

20 _____

20 _____

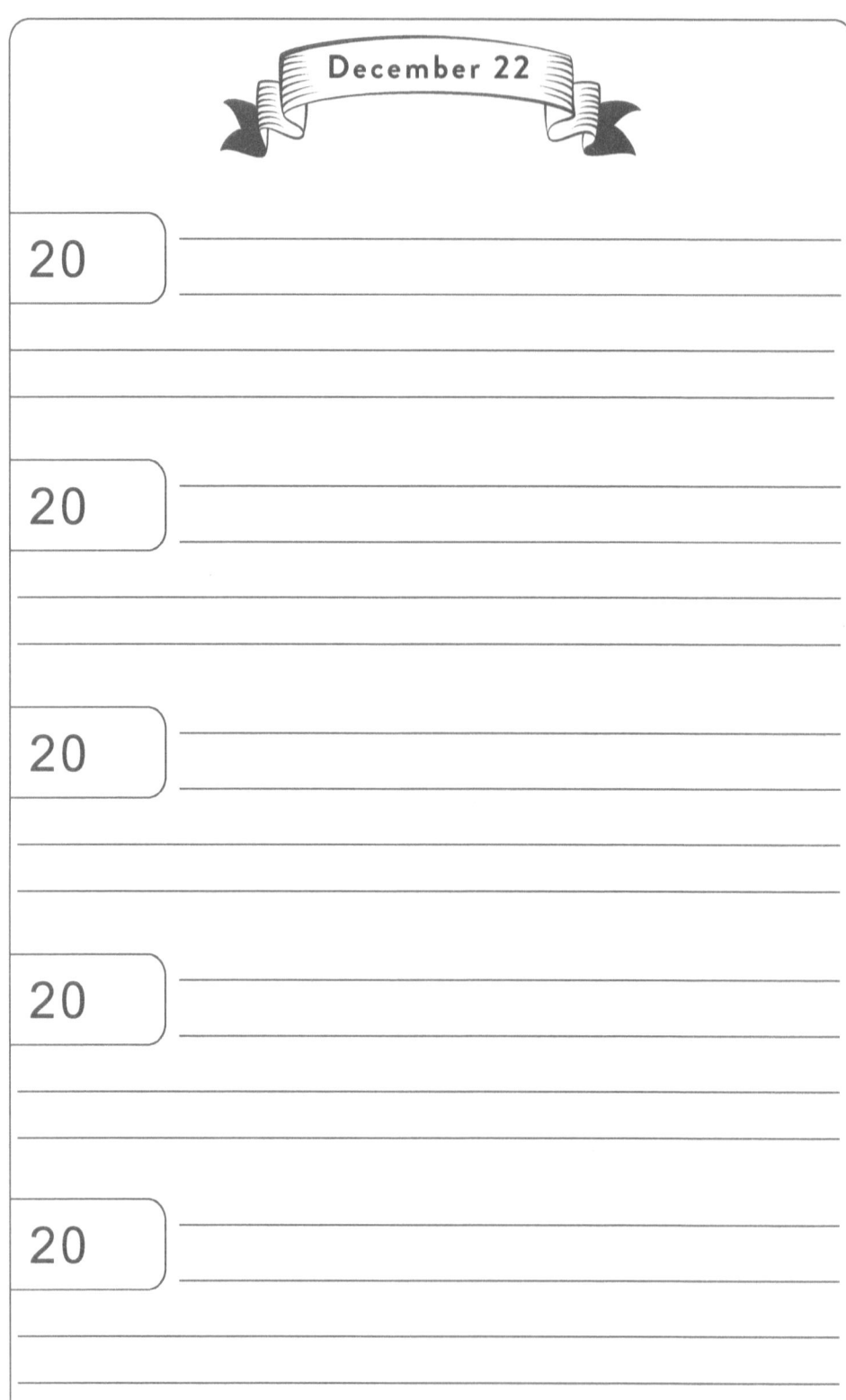

December 22

20

20

20

20

20

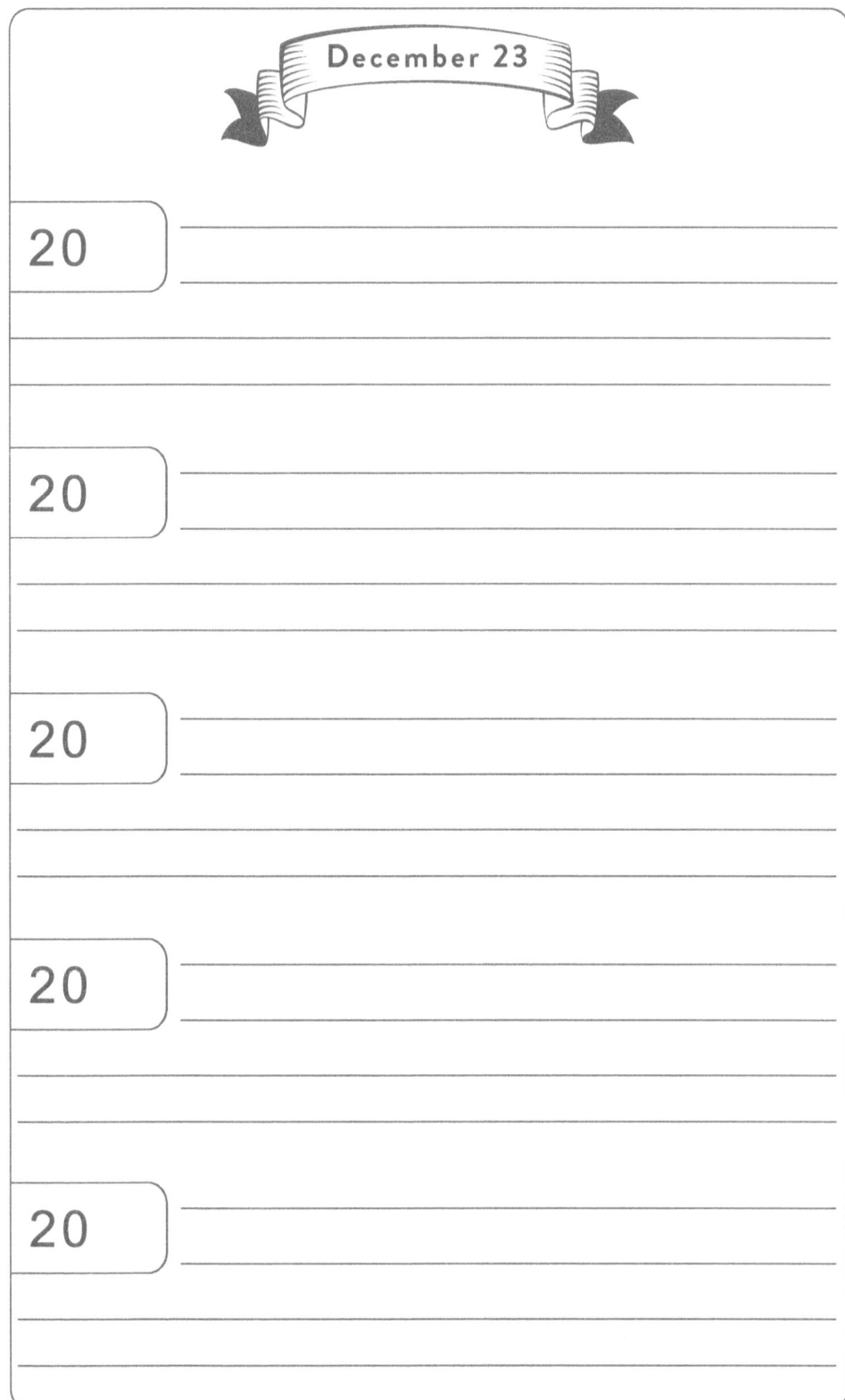

December 23

20

20

20

20

20

December 24

20

20

20

20

20

December 25

20

20

20

20

20

December 26

20

20

20

20

20

December 27

20

20

20

20

20

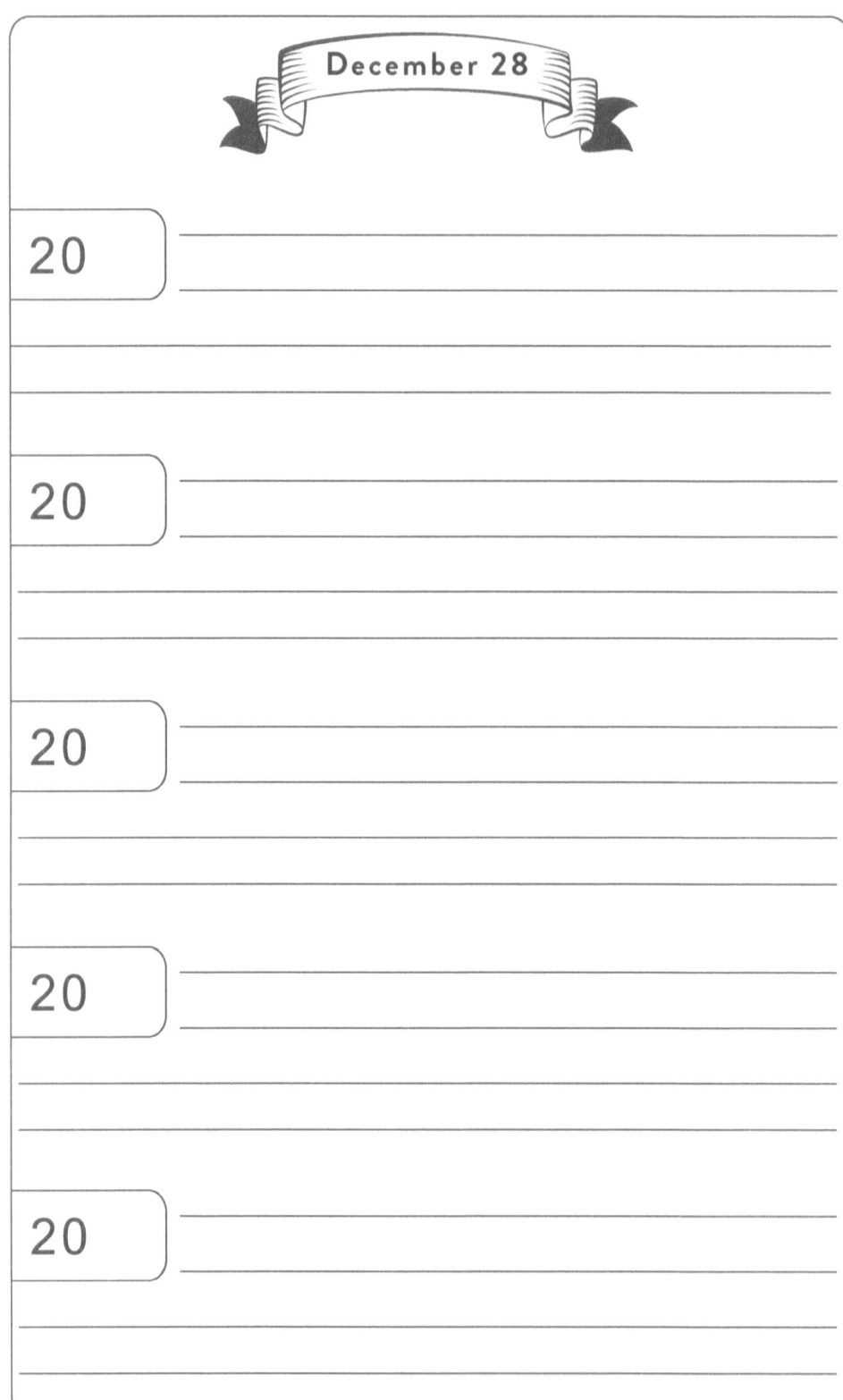

December 28

20

20

20

20

20

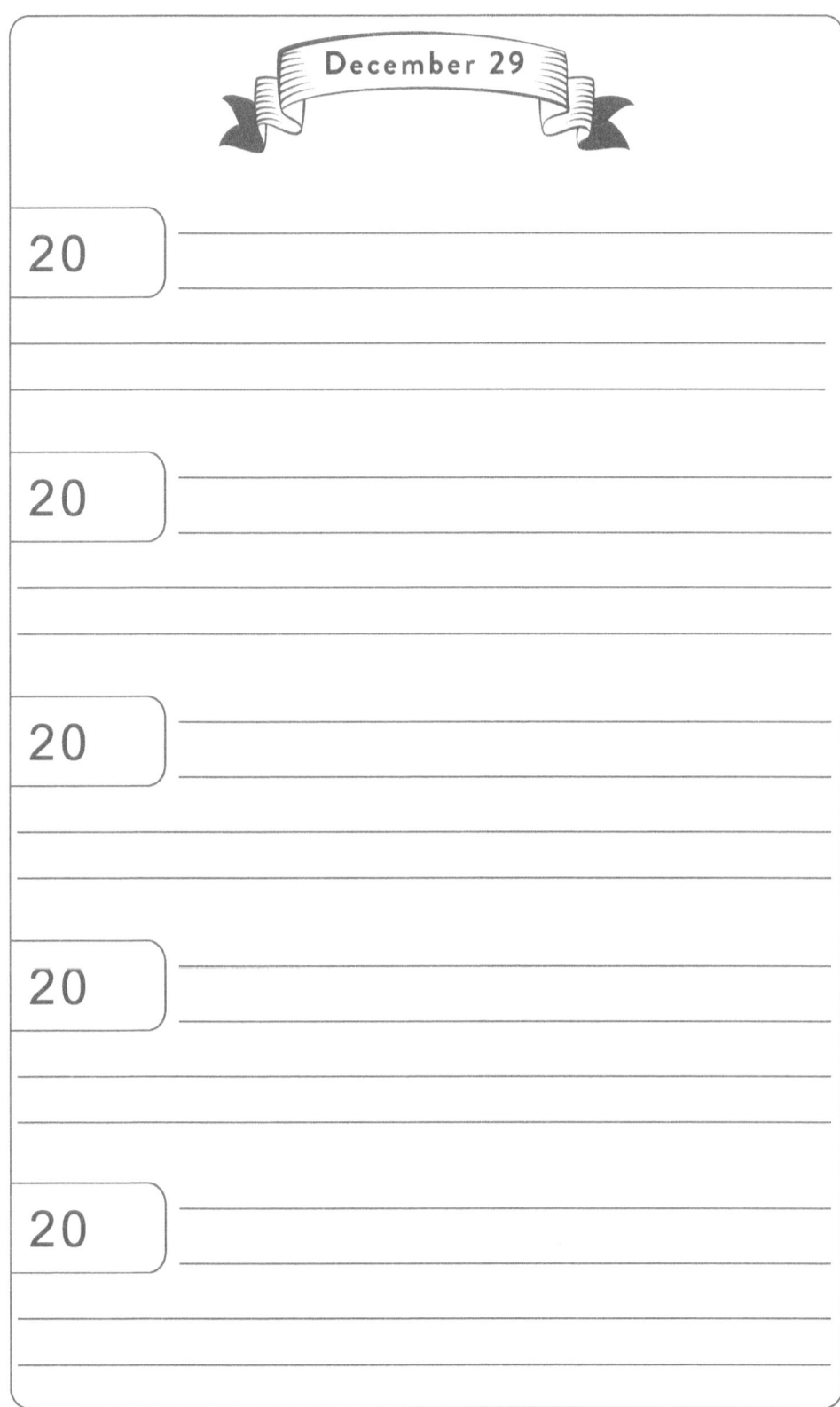

December 29

20

20

20

20

20

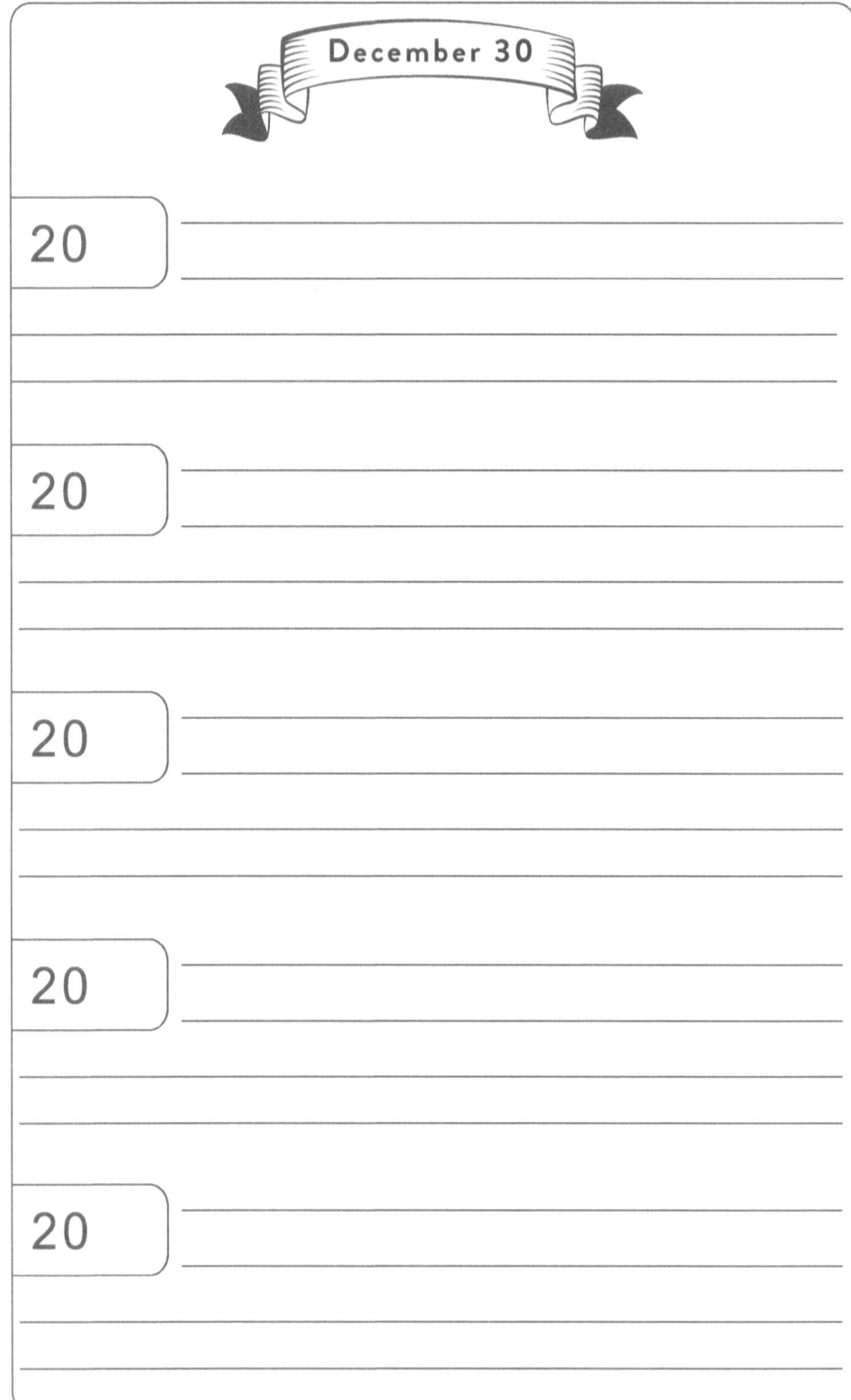

December 30

20

20

20

20

20

December 31

20

20

20

20

20

Notes: _____

www.ingramcontent.com/pod-product-compliance
Lightning Source LLC
Chambersburg PA
CBHW030606220526
45463CB00004B/1182